동양학 번역총서 1

성호선생언행록

이삼환 저
허호구 역

단국대학교출판부

성호선생언행록

지은이 이삼환(李森煥, 1729~1814)

본관은 여주(驪州)이며 호는 목재(木齋)이다. 이병휴(李秉休)의 양자이다. 이익(李瀷)의 문하에서 수학하였다. 벼슬에 나아가지 않고 아버지의 학문을 이어받아 실학 연구에 힘썼다. 저서로는 ≪소미산방장(少眉山房藏)≫ 8권, ≪목재음어≫ 1권 등이 있다

옮긴이 허호구(許鎬九)

경남 진주 출생으로 호는 重山이다. 家親 晦山公께 家學을 계승하고, 秋淵 權龍鉉 先生을 師事하였다. 민족문화추진회 국역연수원을 수료하였고, 단국대학교 동양학연구소 한한대사전편찬실 수석팀장을 역임하였다. 현재 단국대학교 초빙교수로 한국고전번역원, 한국국학진흥원에서 후학 양성에 힘쓰고 있다. 역서로는 〈漢文聲讀考〉, ≪退溪全書≫, ≪菊潭集≫,≪別洞集≫, ≪茶山集≫, ≪雙槐堂遺稿≫, ≪拓齋文集≫, ≪宣祖實錄≫, ≪正祖實錄≫,≪朱注論語≫, ≪朱注孟子≫, ≪國語≫, ≪說苑≫ 등이 있다.

성호선생언행록

2013년 10월 20일 초판 인쇄
2013년 10월 25일 초판 발행

지은이 _ 이삼환
옮긴이 _ 허호구
펴낸이 _ 장호성
기 획 _ 이재석
제 작 _ 김남필
편 집 _ 성두현 · 박보혜
펴낸곳 _ 단국대학교출판부
등 록 _ 1968.2.27 : No. 제03-00095호
주 소 _ 경기도 용인시 수지구 죽전로 152
전 화 _ 031-8005-2405
팩 스 _ 031-8021-7154

값 15,000원

ISBN 978-89-7092-507-3 94810
ISBN 978-89-7092-506-6 (세 트)

간 행 사

단국대학교 동양학연구원은 1970년 설립된 이래, 한국문화를 중심으로 한 동아시아의의 역사와 문화에 관한 다양한 연구서와 희귀한 자료를 발굴 정리한 동양학총서를 간행하여 한국학과 동양학 연구자들에게 실질적인 자료를 제공해 왔습니다. 출간된 연구서와 자료총서 중에는 학계에 상당한 반향을 불러일으킨 저작이 적지 않습니다. 특히 품이 많이 들고, 오랜 시간 많은 연구원들의 집중적인 노력 없이는 만들어지기 어려운 자료총서의 간행은 인문학의 토대를 내실 있게 다지는 작업으로써 단국대학교 인문학의 원동력이 되어 왔습니다.

동양학연구원은 2011년 교책연구원으로 승격된 이후 연구실, 사전편찬실과 함께 새로이 번역실을 설치하고 고전 번역 사업을 시작하였습니다. 이는 동아시아의 전통문화를 종합적으로 연구하기 위해서입니다. 그간 정리되지 않고 묻혀 있던 한적 자료를 발굴하고 선별하여 연구자들과 일반인들이 쉽게 접근할 수 있게 번역·출간하는 일은 우리나라의 인문학적 기반을 확장하는 소중한 작업이라 생각합니다.

이번에 발간하는 동양학 번역총서 제1권 『성호선생언행록』은 이러한 사업의 일환으로 본교의 연민문고에 소장된 귀중한 한적 자료를 번역하여 학계에 공개하고자 하는 목적으로 간행하게 된 것입니다. 『성호선생언행록』은 아직까지 세상에 공개되지 않은 필사 초고본입니다. 이 책은 성호 선생의 가계 내에서 성호 선생의 언행에 관한 기록을 모아 정리한 것으로, 지금까지 알려지지 않았던 성호 선생의 모습을 살펴보고 이를 통해 성호학을 보다 확장 · 심화시킬 수 있는 귀중한 자료라고 할 것입니다. 성호 선생 서거 250주년을 맞는 올해 이와 같은 귀중한 자료가 번역 · 출간된다는 점에서 동양학 번역총서의 간행 의의는 더욱 크다 할 것입니다.

동양학 번역총서 제1권의 간행을 맞아 이 자리를 빌려 부족하고 열악한 환경 속에서도 국내 · 외 학계의 다양한 연구자들과 끊임없이 토론하면서 자료 속에 파묻혀 지내는 우리 연구원의 구성원 모두의 노고에 경의를 표합니다. 아울러 『성호선생언행록』 간행의 책임을 맡아 주석 · 번역과 해제 작업을 해 주신 중산 허호구 선생님께 진심으로 감사의 마음을 전합니다.

엄밀한 선별 과정을 거쳐 번역 간행하는 동양학 번역총서는 앞으로 동양학을 연구하는 연구자들에게 귀중한 자료의 보고가 될 것이고, 이 번역총서를 바탕으로 우수한 연구 성과들이 쏟아져 나올 것이라고 생각합니다. 이와 같은 점에서 동양학 번역총서의 간행은 그간 이어져 온 동양학연구원의 학문적 전통을 충실하게 계승하는 의미 있는 성과가 될 것입니다. 이후로도 이 중요한 작업이 순조롭게 진행되기를 기대하며, 동양학 번역총서의 간행에 도움을 주신 여러분들께 다시 한 번 깊은 감사의 마음을 전합니다.

2013년 9월

단국대학교 동양학연구원장 서 영 수

일러두기

1. 본서는 단국대학교 연민문고 소장본을 번역한 것이다.
2. 본서의 편차는 번역, 해제, 원문, 영인본순으로 하였다.
3. 영인본의 이해를 돕기 위해 다음과 같이 원문을 입력하였다.
   1) 이체자 표기는 한국고전번역원의 '이체자정보검색' 사이트에 준하여 입력하고, 구현되지 않는 한자는 대표자로 입력하는 것을 원칙으로 하였다.
   2) 원문에서 인명을 작은 글자로 기록한 경우 작은 글자로 입력하였다.
      예 : 先生旣冠徃謁族兄白鵝堂公渻鵝堂公以經術博洽聞於世
   3) 세주(細註)는 작은 글자로 입력하여 구분하였다.
      예 : 聞一鄕公議某先生字之賢行不一而足
   4) 판독이 어려운 글자는 "네모(■)"로 표시하였다.
   5) 기휘(忌諱)로 띄어 쓴 부분은 원문과 같게 띄어쓰기하였다.
4. 번역 · 원문과 달리 영인본의 경우는 상단에 좌철 방식의 쪽 번호와 함께 하단에 우철 방식의 쪽 번호를 별도로 부여하였다.

차 례

번역 성호선생언행록
(飜譯 星湖先生言行錄)

번역 성호선생언행록(飜譯 星湖先生言行錄)

선생의 천성은 책을 몹시 좋아하여 어릴 때부터 조용한 방에 혼자 앉아 손에서 책을 놓지 않았다. 어머니 권씨가 매번 이를 엿보고는 기뻐하며 "이 아이는 공부하라고 독촉하지 않아도 이처럼 부지런히 애쓰니 나는 근심이 없다."하였다.

선생은 어릴 때 여러 아이들과 함께 배웠는데 여러 아이들은 글을 외우면 곧 그치고는 책을 덮어버린 뒤 장난하며 놀았다. 선생은 기억력이 남보다 뛰어나 눈으로 보기만 하면 거의 글을 외웠으나 언제나 스스로 만족하지 않고 반드시 정밀히 연구하고 자세히 해석하여 위아래 글의 흐름과 뜻이 막힘없이 통하고 난 뒤에야 그쳤다. 선생의 학문은 어릴 때부터 늙을 때까지 대부분 사색에서 도움을 받았다. 그래서 일찍이 『관자(管子)』의 "생각하고 생각하며 또 거듭 생각하라. 생각하여도 통하지 못하면 귀신이 통하게 해줄 것이다."[1]라는 말을 들어 "생각하기를 오래한 뒤에 홀연히 이해하는 것, 이것이 바로 귀신이 통하게 해주는 것이다."라 하였다.

선생이 이미 관례를 한 뒤에 족형 백아공(白鵝公, 이름은 淯)을 찾아가서 뵈었는데, 백아공은 경학(經學)에 박식함으로 세상에 이름이 났다. 선생의 겸손하고 신중한 태도를 보고 매우 사랑하여 경사자집(經史子集)의

---

1) 생각……것이다 : 『管子』 「內業」에 보인다.

가언(嘉言)과 의행(懿行)을 자세히 가르쳐주었다. 선생은 "저는 오래되면 쉽게 잊어버리니 써가지고 집으로 돌아가겠습니다."하고는 종이와 붓을 달라고 요청하여 쓰면서 의심나는 곳이 있으면 거듭 질문하니 아당(鵝堂, 곧 白鵝)이 매우 놀랍고 신기하게 여겼다. 그는 "내가 배우는 사람을 많이 겪어봤지만 너처럼 성실하고 부지런한 사람은 일찍이 보지 못했다. 뒷날 반드시 큰 그릇을 이룰 것이다."라고 말했다.

선생이 젊었을 때 여러 종인(宗人)과 학업을 익혔는데 날이 저물어 종인들이 흩어지면 선생은 밤에 등불을 밝히고 앉아서 낮에 마치지 못한 학업을 뒤따라 공부하여 새벽까지 잠자지 않았다. 사람들이 간혹 새벽에 나와서 창문의 등불 그림자를 보고 가리키며 서로 "이 분이 아직 잠을 자지 않고 있구나."라고 하였다.

삼환(森煥)이 어렸을 때 선생의 손자 구환(九煥)[2]과 함께 공부하면서 자못 외우는 것만을 일삼고 정심(精深)하게 연구할 줄을 몰랐다. 선생은 그때마다 경계하여 말하였다. "너희들이 조금 기억하는 재주가 있으니 많은 책을 섭렵할 수 있겠지만, 나이가 노쇠하여 서리가 내리고 물이 빠지고 난 뒤에는 아득히 소멸되어 도무지 생각이 일어나지 않을 것이다. 그래서 독서하는 요령은 깊이 자득(自得)하는 데 달려 있다. 나도 젊었을 때 기억하고 외운 것이 많았건만 지금에는 모두 잊었다. 책 가운데 자득한 곳이 비로소 나의 소유가 되니, 너희들은 뒷날 반드시 내가 한 말을 생각하고 뉘우쳐도 미칠 수 없을 것이다."

유학자(儒學者) 최창걸(崔昌傑)이 명함을 들이고 뵙기를 청하여 '마음

---

2) 구환(九煥) : 자(字)는 원양(元陽). 아버지는 맹휴(孟休). 성호의 손자로, 생원시(生員試)에 합격하였고, 성호의 학문을 계승하였다.

을 잡아 보존하며 반성하고 살피는[操存省察]' 요점에 대하여 물었다. 선생은 사양하며 "나는 늦게 서야 비로소 학문에 뜻을 두어 경전을 외우고 익혔을 뿐, 보존하여 기르는 공부는 일찍이 알지 못합니다."하였다. 최씨가 거듭 간청하자, 선생은 "마지 않는다면 정(靜)일 것입니다. 마음이 동(動)하거나 정할 때 어기지 않으며, 겉[表]과 속[裏]이 서로 바르게 하는 것이 경(敬)에서 떠나지 않는[居敬] 방도입니다. 그리고 공부는 반드시 속과 정에 먼저 힘써야 되니 속을 바르게 하면 겉은 저절로 바르게 되고 정할 때 경을 하면 동하여 경을 어기지 않습니다. 그러므로 정할 때와 속을 바르게 하는 것이, 조존성찰(操存省察)에 들어가는 곳이 됩니다."라고 대답했다.

직장(直長) 조수홍(趙守弘) 어른이 그의 아들 숙(憓)을 데리고 방문하였다. 이때 숙은 처음 과거에 급제하였는데 직장 어른이 "아들이 젊은 나이에 급제하여 처세와 임금 섬기는 도리를 모릅니다. 어찌 한 말씀 가르침을 주시어 죽을 때까지 실행하도록 하지 않으시렵니까."하였다. 이에 숙이 가르침을 청하자 선생은 이렇게 말씀하였다. "어찌 글을 읽지 않는가. 처신과 사람을 접하고 임금을 섬기며 백성을 다스리는 도리가 모두 책에 있으니 돌아가 책에서 구하면 충분한 스승이 그 안에 있을 걸세."

선생이 한가히 계실 때 여러 제자들이 모시고 있었는데, 선생은 다음과 같이 말씀했다. "독서는 많이 읽기를 탐하는 데 있지 않고 또 외워서 익히는 것도 잘하는 일이 아니다. 의례(義例)[3]를 고찰해 구하고 깊고 분명히 찾아 터득한 뒤에야 비로소 쓸모 있는 학문이 된다. 만일 한갓 문구만을 익히고 넓고 많은 것만을 과시한다면 이것은 궤짝만을 사고 그 안에 들어 있는 구슬은 되돌려주는 격[買櫝還珠][4]이다. 시험 삼아 한두 예를

---

3) 의례(義例) : 저술한 서적의 주지(主旨)와 체례(體例).

들어 보겠다. 『시경(詩經)』 「소민(小旻)」장[5]의 '슬기롭기도 하고 그렇지 않기도 하며, 엄숙하기도 하고 다스려지기도 하며, 명철하기도 하고 계획을 잘하는 이도 있다[或聖或否 或肅或艾 或哲或謀]'는 것은 「홍범(洪範)」의 오사(五事)[6]가 분명하다. 그런데 그 위의 장(章)에서 '옛 성현을 법으로 삼지 않았으며, 큰 도를 떳떳함으로 삼지 않았다[匪先民是程 匪大猷是經]'하였으니, 여기서 말한 선민(先民)은 반드시 기자(箕子)를 가리켜 말한 것이고, 대유(大猷)는 「홍범(洪範)」이다. 이 시는 기자를 법으로 삼지 않고, 「홍범」 오사의 뜻을 따르지 않아 시작하기도 하고 중지하기도 하여 그 덕(德)을 일정하게 하지 않았다. 그 때문에 서로 빠져서 패한 것이다. 이와 같이 위아래 말의 맥락을 보면 어찌 끊어지지 않고 이어져서 통하지 않는가. 만일 선민을 상고의 현성(賢聖)이라 범칭하고, 대유를 나라를 다스리는 큰 법이라고 하면 도무지 분명하지 않다. 『춘추(春秋)』에서 시역(弑逆)한 죄는 천지를 다하고 만고에 미치는 얼마만큼의 악명인가. 그런데 조돈(趙盾)은 어진 대부이고, 허 세자(許世子) 지(止)는 거상(居喪)을 잘했다. 단지 조돈의 국경을 넘어가지 않은 일[7]과 허 세자의 약을 맛보

---

4) 궤짝만을……되돌려주는 격[買櫝還珠] : 근본을 버리고 지엽만을 추구하여 취사선택이 맞지 않음을 비유하는 말. 초(楚)나라 사람이 곱게 장식한 궤짝에 구슬을 담아 팔려고 하자 정(鄭)나라 사람이 곱게 장식한 궤짝만 탐내어 사고 구슬은 되돌려주었다는 고사에서 비롯되었다. ≪韓非子 外儲說 左 上≫

5) 소민(小旻)」장 : 『시경(詩經)』 「대아(大雅)」의 편명이다. 당시의 대부(大夫)가 왕이 사특한 계책에 현혹되어 그것을 끊고 선(善)을 따르지 않기 때문에 지은 시라고 한다. 다만 여기서의 "或肅或艾와 或哲或謀"의 순서가 『시경』의 순서와 뒤바뀌어 있다.

6) 「홍범(洪範)」의 오사(五事) : 「홍범」은 『서경(書經)』의 편명. 오사는 기자(箕子)가 주무왕(周武王)에게 전수했다는 이륜(彝倫)의 아홉 가지 도(道) 중에서 두 번째 말한 다섯 가지 일. 곧 모(貌) · 언(言) · 시(視) · 청(聽) · 사(思)이다.

7) 조돈…… 않은 일 : 조돈(趙盾)은 춘추시대 진(晉)나라 정경(正卿). 당시 진 영공(晉靈公)이 포악한 일을 일삼자 조돈이 여러 차례 간하였으나 듣지 않고 조돈을 죽이려 하였다. 조돈이 도망쳐 국경을 넘어가지 않았을 때 조천(趙穿)이 영공을 시해하고 조돈을 돌아오게 하였다. 이를 태사(太史)가 "조돈이 그의 임금을 시해하였다"라고 써서 조정에 보이자 조돈은 "내가 시해하지 않았다."고 하였다. 태사는 "그대가 정경이 되어 도망치되 국경을 넘어가지 않았고, 돌아와서는 역적을 토벌하지 않았으니 그대가

지 않은 일[8] 때문에 임금을 시해한 죄를 가하였다. 성인(孔子)께서 반드시 한때 한 가지 일의 잘못을 가지고 단번에 이 악명을 가하지는 않았을 것이다. 그렇다면 이는 필시 실제로 그 모의에 참여해 알고 있어서 국경을 넘어가지 않고 머뭇거리며 시해하기를 기다린 것이며, 약을 미리 맛보지 않은 것은 약으로 시해한 것이다. 글을 따라 뜻을 찾으면 그 일을 알 수가 있다. 「진풍(秦風) 무의(無衣)」시는 '동구(同仇)' 두 글자를 보면 그 뜻이 저절로 드러난다. 견융(犬戎)은 주(周)나라와 진(秦)나라 공동의 원수이기 때문에 천자의 군대가 일어나기를 기다려 창을 수리하여 함께 원수를 갚으려고 하였다. 그런데 천자는 원수를 갚는데 마음이 없었기 때문에 이 시가 그것을 풍자한 것이다. 수신(戍申) 수허(戍許) 같은 시[9]도 평왕(平王)이 원수를 섬긴 일을 풍자한 시이니, 평왕은 여기에서 죄를 벗어날 수 없는 것이다. 경전(經傳)과 사서(史書)를 읽을 적에 여러 번 연구하여 탐색하여도 오히려 작자의 뜻을 얻지 못할까 두려운데 어찌 소홀히 할 수 있겠느냐. 너희들은 이를 유념하라."

한 것이 아니고 누가 했는가."라 하였다. 공자는 "애석하구나. 국경을 넘어갔으면 악명에서 벗어났을 텐데!"라 하였다. ≪春秋·左氏傳 宣公2年≫

8) 허 세자(許世子)……않은 일 : 허 세자는 춘추시대 허 도공(許悼公)의 세자. 이름은 지(止). 『춘추(春秋)』의 소공(昭公) 19년에 "夏五月戊辰 許世子止弑其君買."라 하였는데, 『좌씨전(左氏傳)』에 "허 도공이 학질에 걸렸는데 5월 무진에 태자 지의 약을 마시고 죽었다…… '그 임금을 시해했다'고 썼으니, 군자는 말하기를 '마음과 힘을 다해 임금을 섬기면 약물은 바치지 않아도 괜찮다.'하였다." 이는 곧 임금이 약을 먹을 때는 신하가 먼저 약을 맛본 뒤에 올려야 되는데, 허 세자는 의원을 통해 약을 바치지 않았고, 또 먼저 맛보지 않은 것은 시해하려고 독살했다는 것이다.

9) 수신(戍申) 수허(戍許) 같은 시 : 『시경(詩經) 왕풍(王風)』의 「양지수(楊之水)」 장을 이른다. 주 평왕(周平王)의 외가는 신국(申國)인데 신후(申侯)가 견융(犬戎)과 함께 주나라를 공격하여 평왕의 아버지 유왕(幽王)을 죽였다. 신국은 초(楚)나라와 가까워 자주 초나라의 침입을 당하자 평왕이 기내(畿內)의 백성을 파견하여 신국과 인접해 있는 허국(許國)을 지키게 하니, 수자리 나간 사람이 이를 원망하여 이 시를 지었다. 신후가 유왕을 죽였으니 평왕에게는 아버지를 죽인 원수인데도 원수를 갚기는커녕 되레 지켜주었기 때문에 많은 비난을 받았다.

선생은 읽지 않은 책이 없고 연구하지 않은 것이 없어서 그 뜻을 끝까지 밝히고 그 중 좋은 것을 취하여 자기의 소유로 삼았다. 평생 읽지 않은 것은 세 종류의 책이니, 선가(仙家) · 불가(佛家)의 말과 패관(稗官)의 황당한 말이다. 재상(災祥 : 禍福) · 분야(分野) · 성명(星命) · 풍수(風水) 등 여러 술수에 관한 책은 일체 눈에 대지 않으면서 말씀했다. "어찌 나의 한정이 있는 정력을 쓸모없는 곳에 낭비할 수 있겠는가?" 이 때문에 모든 글을 읽을 때 불가의 말을 만나면 읽어 내려가지 못했다.

선생은 둘째 형 섬계(剡溪)[10]와 셋째 형 옥동(玉洞)[11] 두 선생을 아버지처럼 공경히 섬겼다. 넷째 형 처사공(處士公)[12]은 나이가 조금 가까웠기 때문에 때때로 서로 장난을 하였다. 처사공이 언젠가 이렇게 말했다. "어릴 적부터 책 읽기를 좋아했으나 끝내 『수호전(水滸傳)』의 미묘한 곳을 알지 못하여 한 번도 눈을 붙이지 않으니 너는 참으로 천하의 용렬한 품격이다." 이에 선생이 말했다. "그렇다면 내 우선 한 번 읽어보겠소." 그러고 책을 가져다 대략 한 번 섭렵한 뒤 책을 놓아버리고 말씀했다. "천 마디 만 마디의 말이 모두 교묘히 속이는 말이니, 끝내는 반드시 사람의 마음을 파괴시킬 것이오. 또 관승(關勝)[13]은 용장(勇將)이고 장순

---

10) 섬계(剡溪) : 이하진(李夏鎭)의 둘째 아들 이잠(李潛)의 호. 별호는 서산(西山). 이잠은 16세에 진사(進士)에 합격하였으나 아버지 이하진이 운산(雲山)의 귀양지에서 죽자 과거를 포기하고 방랑생활을 하였다. 노론의 실정을 비판하고 세자를 보호하는 상소를 올렸다가 역적으로 몰려 고문을 받다 숨졌다. 저서에 『섬계유고(剡溪遺稿)』가 있다. ≪近畿實學淵源諸賢集≫ · ≪大東詩選≫ · ≪星湖全集≫

11) 옥동(玉洞) : 이하진(李夏鎭)의 셋째 아들 이서(李漵)의 호. 사시(私諡)는 홍도(弘道) 선생. 서법에 뛰어나 동국진체(東國眞體)를 창시하였다. 아버지 이하진이 청나라에 진향사(進香使)로 갔다가 돌아올 때 가져온 많은 서적을 공부하여 경사자집(經史子集)에 두로 통하였다. ≪性齋先生文集≫

12) 처사공(處士公) : 이하진의 넷째 아들 이침(李沈)의 호칭. 호는 아정(鵝亭). 사학유생(四學儒生)으로 명망이 있었으나 둘째 형 이잠(李潛)이 장살(杖殺) 당하자 과거를 단념하고 충남 예산에 내려가 처사로 일생을 마쳤다 한다.

13) 관승(關勝) : 소설 『수호전(水滸傳)』에 등장하는 인물. 관우(關羽)의 후손으로 양산

(張順)[14]은 충의가 있는 사람인데 억지로 강도의 대열에 빠뜨렸소. 그 마음 씀이 이와 같으니 곧장 그 책을 불태우고 싶은 걸요." 처사공이 "어찌 의리를 가지고 패관소설을 제재하는 사람이 있느냐?"라 말하고 서로 바라보면서 한바탕 웃었다.

나의 백씨(맏형, 곧 가환(嘉煥))가 일찍이 선생께 나아가 뵙자 선생이 물었다. "불가(佛家)에서 일곱 곳에서 마음을 구하고 있는데 그 설(說)이 어떤가?" 백씨가 낱낱이 조목조목 대답하자 선생이 웃으며 말씀했다. "단지 이 하나의 마음을 구하는 데는 방법이 있는데 어찌 장황하게 찾을 일이 있는가. 이 역시 말하기를 좋아하는 습관일 뿐이다. 그렇지만 사람을 가르치려면 또한 이런 방법이 없을 수 없다. 그러나 의심을 묻고 대답하여 스스로 터득하게 한 다음에 비로소 효과가 있는 것이다. 만일 입에서 나오는 대로 말하여 크고 작은 것을 빠짐없이 말해버리면 듣는 이가 깊게 깨닫기 쉽지 않다."

옥동 선생이 후학을 가르칠 적에 반드시 먼저 『중용(中庸)』·『대학(大學)』·『논어(論語)』·『맹자(孟子)』로부터 시작하고, 처음에 반드시 1천 번 이상을 읽게 하면서 말했다. "학문에는 본말이 있으니, 먼저 천인성명(天人性命)의 이치와 효제충신(孝悌忠信)의 도리를 통하여 그 바탕을 세워야 한다. 그런 뒤에 비로소 다른 책에 미치면 거의 돌아다니는 말처럼 밖으로 달려감이 없을 것이다."

선생은 그렇게 하지 아니하여 수(數)와 사방 방위의 이름을 먼저 가르치고 다음에 사서(史書)를 가르쳐서 마음과 지혜를 밝게 열어주고 문리

박(梁山泊) 마군(馬軍) 오호대장(五虎大將) 중의 으뜸이고, 전체 108장군 중의 다섯 번째이다.

14) 장순(張順) : 소설 『수호전(水滸傳)』에 등장하는 인물. 양산박(梁山泊) 영웅 중의 제 30위이고 수채(水寨) 여덟 두령 중의 세 번째 지위인데 수공(水功)에 능하였다.

(文理)를 통하게 하였다. 그런 뒤에 비로소 경전을 가르치면서 말씀했다. "만일 문리에 통하지 못하면 옛 성현의 미묘한 말씀과 깊은 뜻을 어떻게 이해하겠는가?" 이 때문에 옥동의 문인들은 충신독실(忠信篤實)하고 품행과 지절(志節)이 순정(純正)하지 않은 이가 없었으나 간혹 문화(文華)가 부족하였다. 선생의 문하에서 공부한 사람은 대부분 문화와 질박함이 알맞게 조화를 이루어 당세에 쓰인 사람이 있었다.

선생이 어린 아이를 가르칠 적에 구두(句讀)를 말해주지 않고, 다만 문장의 기세와 말의 맥락이 위아래에 이어지는 곳만 손으로 가리켜주어 스스로 연구하여 알도록 하였다. 당시에는 우둔하고 막힌 듯했으나 효과가 매우 빨랐다. 문하에서 3년 동안 배우면 마침내 거칠고 경솔한 선비가 없게 되었다.

선생은 젊었을 때 과거 공부를 했는데 과시(科詩)와 표(表)·책문(策問) 등을 모두 붓만 잡으면 즉시 완성하였다. 언젠가 책문으로 증광시(增廣試)의 초시(初試)에 합격하자 종중의 여러 장로(長老)들이 모두 어머니 권 부인을 찾아 뵙고 축하하며 말했다. "이 아이가 어릴 적에 아버지를 여의었으나 부지런히 애써 이루어 어린 나이에 책문으로 합격하였으니 실로 문중의 복입니다." 권 부인도 훌륭하게 여기며 기뻐하였고, 온 집안이 서로 경하하였으나 선생은 끝내 기쁜 안색을 나타내지 않았다. 뒤에 시험장에서 이름을 격식에 어긋나게 쓴 것 때문에 제명되는 일을 당하였다. 사람들은 모두 탄식하며 애석해 하였으나 선생만 원통하게 여기는 마음이 없으면서 말씀했다. "대수롭지 않은 과거에 합격한 이름이 무슨 관계가 있는가. 한번 얻고 한번 잃는 데에 이렇게까지 시끄러우니 여기에서 풍속의 숭상하는 것을 충분히 볼 수 있겠다." 그러고는 이로부터 더욱 유학(儒學)에 전념하고 세상에 나갈 뜻은 더욱 작아졌다.

선생은 젊을 때 시 읊기를 좋아하여 마음에 느끼는 것을 펴내었는데 모두 진진한 의리와 정취가 있고, 바람과 꽃 따위를 읊은 말은 전혀 없었다. 일찍이 읊은 시에 "시냇물 거울처럼 맑아 물고기 숨기 어렵고[山溪似鏡魚難隱], 풀은 그저 무심하니 새가 놀라지 않네[草偶無心鳥不驚]."라는 구절이 있는데, 학식이 있는 사람들은 그 이치를 칭찬하였다.

선생은 매일 일찍 일어나 세수를 하고 사당에 배알하고 물러나와 앉아서 옷깃을 여미고 손에서 책을 놓지 않았으며, 조금 늦게 여러 학생들에게 그날 공부할 책을 가르쳤다. 원근의 사우(士友)들이 집에 와서 뵙기를 청하면 함께 경사(經史)를 토론하고 의리를 분석하여 부지런히 담론하며 온종일 게을리 하지 않았다. 친척과 친구들에게서 온 편지가 걸핏하면 상자에 가득찼으나 일일이 직접 답장을 쓰고 끝내 남에게 대신 쓰게 하지 않았다. 그 중 경전을 논하고 예의를 강설한 편지가 연속하여 수천 자나 되었으나 모두 붓만 잡으면 즉시 완성하여 조금도 막힘이 없었다. 심지어 내외 종족의 부녀들이 보낸 한글 편지까지도 즉시 답장을 썼는데 그 내용이 모두 사람마다 몸에 절실하여 끝내 의례적으로 대충 응답한 말이 없었다. 간혹 남의 집안 비문이나 묘지 · 행장 등을 요청 받으면 아무리 큰 글이라도 그때마다 글 쓰는 도구를 가져다가 초고를 붓 가는 대로 써 내려갔다. 이미 글을 완성하고는 한두 번 읽어 보는데 간혹 두세 글자만 고칠 뿐, 한 구절이나 반 줄 쯤이라도 고치는 법이 없었다. 이를 날마다 일상의 일로 삼아 아주 높은 연세에도 전혀 게으르지 않았으니, 이는 대체로 남보다 정력이 뛰어나서 보통 사람이 모방할 수 있는 것이 아니었다.

선생은 어려서부터 늙을 때까지 오직 글을 읽고 도리를 말하는 것 이외에는 긴요하게 여기는 일이 없었다. 아주 긴요한 집안일이라도 일이 오면 순리대로 대응하고 일이 지나면 곧 책을 마주하여 끝내 번거롭고 쓸데

없는 것을 마음에 머물러 두지 않았다.

선생이 언젠가 자제들에게 이렇게 말씀했다. "내가 여러 해 동안 성인의 글을 읽어 성인의 마음을 웬만큼 알고 있다. 이걸 마음에 부어 열어주는 법이 없어서 마음속에 얼마간 쌓은 것을 너희들에게 전해주지 못하는 것이 유감이다."

선생의 학문은 화려한 문장을 숭상하지 않았고 박식함을 힘쓰지 않았으며, 오직 독실하고 유용한 학문을 위주로 하였다. 책을 읽을 때마다 수신제가 하는 공부에 도움이 되거나 의리가 더욱 정밀한 곳이 있으면 그때마다 여러 제자들에게 "이것은 큰 의리가 되고, 이것은 수신하고 반성하는 요점이고, 이것은 나라를 다스리는 큰 계책이다."라 말하고 낱낱이 가르쳐주어 체득하여 알게 하였다. 여러 제자들은 처음에 긴요하지 않은 글로 보아 깊은 뜻이 있음을 살피지 않고 있다가 선생의 가르침을 듣고 나서야 비로소 깨달았다.

선생은 글을 읽을 적에 의심이 있으면 오래 동안 사색하고 마음에 간직해 두어 잊지 않았다. 그러다가 뒤에 다른 책을 읽거나 다른 사람과 담론하다가 서로 증명하고 밝힐 만한 것이 있으면 바로 그 뜻을 알았다. 또 깊은 밤 취침한 뒤에 잠자리에서 묵묵히 연구하여 깨닫는 바가 많았다. 새벽에 일어나자마자 흔연히 터득한 것을 필기구를 가져다가 기록하였다. 이 때문에 여러 제자들은 선생이 밤마다 신묘하게 부합함이 있음을 알게 되었다.

선생은 늘그막에 『시경』과 『주역』을 좋아하여 연세가 이미 매우 높았으나 조용한 여가를 만나면 「국풍(國風)」과 「계사(繫辭)」 등의 책을 소리

내어 읽으며 깊은 뜻을 음미하였다. 정신에 융합하고 마음에 깨닫는 곳을 만나면 자신도 모르게 손으로 무릎을 치면서 감탄하였고 심지어 감격해서 눈물을 흘리기 까지 하였다.

술천(述川) 이도경(李道經)공과 양성재(養誠齋) 조수겸(趙守謙)공은 모두 외암(畏菴) 이식(李栻)[15]의 문인이다. 술천이 언젠가 선생을 방문하여 외암이 지은 당실명(堂室銘)의 뜻을 매우 자세히 말하였다. 그 대의는 마음을 당(堂)에 비유하고 신(腎)을 실(室)에 비유하여 천군(天君, 마음)이 낮에는 당에 있으면서 일에 대응하고 사물을 접하며, 밤에는 실에 머물러 잠을 잔다……는 것이었다. 선생은 이렇게 힐문하였다. "심과 신 두 장부(臟腑)는 있는 위치가 각기 다르오. 참으로 (심과 신이) 당과 실처럼 나누어져서 사람이 당에 있을 때에는 실이 비어 있고 실에 있을 때에는 당이 비어 있는 것과 같다면 천군이 막 머물러 잠을 잘 적에 심은 빈 상태가 되고 신이 두 장부를 갖추어 있다가 낮에 당에 있으면 신은 그 반이 비게 된다는 말이오?" 술천이 굴복하려고 하지 않자 선생은 마침내 편지로 외암에게 질문하였다. 외암은 답서에서 「월령(月令)」[16]의 "천기(天氣)는 아래로 내려오고 지기(地氣)는 위로 올라간다"는 말과 주자(朱子)의 「재거감흥시(齋居感興詩)」[17]의 "가을달이 찬 물에 있네[秋月在寒水]"를 인용하

---

15) 외암(畏菴) 이식(李栻) : 조선 후기의 학자. 본관은 연안(延安). 자는 경숙(敬叔). 호는 외암(畏庵)·외재(畏齋)·외수(畏叟). 정시한(丁時翰)의 문인(門人). 이황(李滉)과 서인 낙론계(洛論系) 학자인 이재(李縡)의 학통(學統)을 이어받았다. 저서에 『사칠부설(四七附說)』이 있다.

16) 월령(月令) : 『예기(禮記)』의 편명. 음력 열두 달의 시령(時令)과 행정 및 관계되는 사물을 기록하였다. 『여씨춘추(呂氏春秋)』의 「십이월기(十二月紀)」의 첫 장을 취하여 이루었다.

17) 재거감흥시(齋居感興詩) : 주자(朱子)가 지은 시 중에서 독특하고 영향이 큰 시 작품. 모두 20수로 되어 있다. 그 내용은 이학(理學)의 본체와 도통(道統)·정통(正統) 및 유가 경전을 읽는 법, 당시 교육 제도와 과거에 대한 비판, 불교와 도교의 이단에 대한 배척 등을 읊었다.

여 모호하게 말하였다. 선생은 재차 편지를 써서 끝까지 논변(論辨)을 다 하였는데 그 말이 모두 여러 수백 자였다. 외암은 양성재에게 편지를 보내어 "안산(安山, 성호)의 두 번째 편지가 왔는데 그 말이 지극히 넓고 번다하여 끝내 요점을 추려내기가 어려우니, 앞으로 한가한 틈을 기다려 답서를 쓰겠다."하였다. 오랜 뒤에 답서를 써서 "정 선생(丁先生)[18]의 '말을 적게 하라'는 경계를 따라 많은 말을 하고 싶지 않다……"하고는 분변하여 밝힌 것이 없었다.

외암은 우담(愚潭) 정(丁) 선생의 문하에서 공부했기 때문에 그의 말이 이와 같았다. 선생은 탄식하면서 "의리는 천하 공공의 물건이니, 갑과 을이 서로 다툴 적에 저쪽이 옳으면 이쪽이 그른 것이다. 응당 자기의 견해만을 주장하지 말고 논변(論辨)을 주고받아서 이치에 맞기를 힘쓰는 것이 바로 학문의 중요한 일이다. 일찍이 외암이 독실하다 여겼었는데 자기가 주장하는 말을 고집하여 이기기만 힘써서 끝내 유익함을 구하려는 뜻이 부족하단 말인가! 명도(明道) 선생은 '나를 위해 개보(介甫)에게 말하라. 개보에게 유익하지 않으면 반드시 나에게 유익할 것이다.'라 하였다. 아, 이와 같은 기상을 어떻게 다시 볼 수 있으랴!"라 하였다.

옥동(玉洞) 선생이 선생의 두 편지를 보고 그 내용의 상세하고 치밀한 논리를 깊이 인정하고 외암의 학문을 비판하여 "이것은 불교의 의미에 가깝다."하고는 이어서 시를 지어 "우리 문하 성중은 심학에 능하며, 자세하고 밝게 열어줌은 자심에게 있다네[吾門聖仲能心學 開發詳明有子心].라 읊었다. 성중은 바로 옥동의 문인 명산(鳴山) 윤규일(尹揆一)공의 자(字)

---

18) 정 선생(丁先生) : 조선 후기의 성리학자 정시한(丁時翰). 자는 군익(君翊). 호는 우담(愚潭). 원주(原州)에 은거하여 후진 양성에 힘썼다. 뒤에 유일(遺逸)로 천거되어 진선(進善)에 등용되었고, 당파를 초월하여 자기 소신을 밝혔다. 그의 학문은 정약용(丁若鏞)·이익(李瀷) 등 실학자에게 많은 영향을 주었다. 저서에 『우담집(愚潭集)』·『산중일기(山中日記)』·『임오록(壬午錄)』·『관규록(管窺錄)』·『사칠이기변(四七理氣辨)』·『변무록(辨誣錄)』 등이 있다.

이고, 자심은 선생의 처음 부르던 자이다. 이 시는 기쁨을 표시하는 뜻에서 나온 것이다.

명산도 일찍이 양성재와 그 의리를 논변하면서 각기 자기 스승의 학설을 주장하여 서로 굽히지 않았다. 그러다가 명산의 말년에 양성재가 방문하여 밤에 나누는 이야기가 꽤나 평온하였다. 명산이 갑자기 뜰 안을 비추는 달빛을 가리키면서 "저 황백(晃白)은 무슨 물건이오?"하고 물었다. 그러자 양성재는 "달이지요."라고 대답하였다. 명산은 "달이 아니라 달빛이지요."하였다. 그러고는 마침내 각각 말이 없었다. 모시고 앉았던 여러 사람들이 무엇을 말하는지 헤아릴 수 없어서 이튿날 명산에게 개인적으로 물어 보았다. 이에 명산은 이렇게 대답하였다.

"지난 날 성호 선생이 외암과 편지로 당실명의 뜻을 논변하였는데 외암이 자기의 견해를 굳게 지키면서 자기 스승의 학설을 분명하게 말하려고 하지 않았다. 선생도 외암의 잘못을 지적하여 선학(禪學)에 견주기까지 하였다. 광숙(光叔)[19]은 외암의 문인이기 때문에 스승의 논지를 독실히 믿어서 나와 여러 차례 쟁변(爭辯)했건만 끝내 돌이키지 않았다. 나와 광숙은 헤어진 지 오래되었다. 백발이 되어 서로 만났기에 전에 주장하던 학설을 고쳤으면 하고 바라는 마음에서 시험 삼아 달빛으로 타진해 보았으나 그의 답이 지난날과 같으니 애석한 일이다."

포향(抱鄉) 사람들이 지금까지 유문(儒門)의 좋은 이야기로 전하고 있다.

선생은 일찍이 이렇게 말씀하였다. "서적이 지극히 많아서 다 늙을 때까지 힘써 읽더라도 끝내 다 읽을 수 없고, 읽더라도 다 기억하지 못하니 어찌 어렵지 않은가! 내가 처음 『서경(書經)』「우서(虞書)」 순전(舜典)을 읽을 적에 주(注)의 '운조호방(雲徂乎方)'에 대한 출처를 알지 못했다. 언

19) 광숙(光叔) : 양성재(養性齋) 조수겸(趙守謙)의 자(字).

젠가 열도(悅道) 이희(李憙)를 객석(客席)에서 만나 물었더니, '이것은 한문공(韓文公, 韓愈)의 「황릉묘비문(黃陵廟碑文)」에 있다.'하였다. 돌아와 살펴보았으나 그 글에는 없었다. 뒤에 생질 정순희(鄭舜熙)가 찾아왔기에 우연히 언급했더니 정생(鄭甥)이 말하기를 '이것은 양자(揚子) 『법언(法言)』[20]에 있습니다.'하였다. 『법언』을 가져다 살펴보니 정말 그 구절이 있었다.

열도의 경전(經傳)에 총명 박식함으로도 주설(註說)에는 오히려 투철하게 알지 못하는 곳이 있다. 그런데 정생(鄭甥)은 단지 일개 평범한 과거 시험생인데 열도가 알지 못하는 것을 알고 있다. 그러니 박식함을 어찌 믿을 수 있으며, 평범한 선비를 어찌 소홀히 할 수 있겠는가! 이 때문에 독서는 굳이 널리 아는 것에 힘쓸 필요가 없고 오직 정밀히 보는데 달렸을 뿐이다. 정밀히 보면 '아는 것은 안다 하고. 알 지 못하는 것은 알지 못 한다'라고 하는 것에 해로움이 되지 않는다."[21]

선생은 책을 읽을 때 간단한 말과 한 글자라도 일찍이 함부로 지나치지 않았다. 그 때문에 지은 이의 본뜻을 이해하였다. 일찍이 『가례질서(家禮疾書)』를 지었는데 집안에 소장한 『가례(家禮)』의 판본에 오류가 매우 많았다. 선생이 낱낱이 수정하시면서 "이 자는 반드시 아무 글자의 오자이니 당연히 아무 글자가 되어야 한다."고 하여 이와 같이 한 것이 십여 곳이나 되었다.

김사계(金沙溪, 金長生)의 『가례집람(家禮輯覽)』[22]도 한 글자를 바로

20) 양자(揚子) 『법언(法言)』: 양자는 한(漢)나라 양웅(揚雄)의 존칭. 양웅은 성도(成都) 사람으로 자는 자운(子雲)이다. 박학다문(博學多聞)하였고, 사부(辭賦)에 능하였다. 성제(成帝) 때 벼슬하다가 왕망(王莽)의 아래에서도 벼슬하였다. 저서에 『태현경(太玄經)』·『양자법언(揚子法言)』·『방언(方言)』 등이 있다.

21) 아는……않는다: 『논어(論語)』 「위정(爲政)」에 "아는 것을 안다 하고, 알지 못하는 것을 알지 못 한다 하는 것이 바로 아는 것이다[知之爲知之 不知爲不知 是知也]"라 하였다.

잡은 곳이 있는데, 선생은 “사계의 말이 상세하여 『가례질서』 중에 썼다.” 하였다. 뒤에 『가례집람』의 선본(善本) 한 책을 얻어 낱낱이 대조해보니 틀리지 않았다. 이에 비로소 선생이 책을 정밀하고 자세히 읽어 세심하지 못한 모든 사람은 결코 따라 미치지 못함을 믿게 되었다.

내가 일찍이 선비들과 『가례질서』를 교정하였는데, 혹자는 “이미 선본을 얻어 바로잡았으니 선생이 오자라고 표시한 곳을 바로 삭제해도 무방하다.”하였다. 나는 “이것을 남겨두어 후세 사람들이 ‘선생이 책을 읽는데 법도가 있었음’을 알게 해야 한다.”라 하였다.

정전(井田)제도는 후세에 증거가 없어 삼대(三代)의 구혁(溝洫)[23]을 고친 것에 대해 주자(朱子)는 일찍이 이를 의심하였다. 구일(九一)과 십일(什一)[24]은 결국 맹자(孟子)가 “그 실제는 모두 십일이다.”[25]라는 가르

22) 김사계(金沙溪)의 『가례집람(家禮輯覽)』 : 김사계는 조선 인조(仁祖) 때의 학자 · 문신인 김장생(金長生). 사계는 그의 호이다. 본관은 광산(光山). 시호는 문원(文元). 송익필(宋翼弼) · 이이(李珥)의 문인. 예론(禮論)과 성리학(性理學)을 깊이 연구하여 아들 집(集)이 이를 계승하였고, 송시열(宋時烈) · 송준길(宋浚吉) 등 뛰어난 학자를 배출하였다. 문묘(文廟)에 배향되고 돈암서원(遯巖書院) 등 여러 서원에 봉향되었다. 저서에 『상례비요(喪禮備要)』 · 『가례집람(家禮輯覽)』 · 『전례문답(典禮問答)』 · 『의례문해(疑禮問解)』 · 『근사록석의(近思錄釋疑)』 · 『경서변의(經書辨疑)』 · 『사계전서(沙溪全書)』 등이 있다. ≪宣祖 · 仁祖實錄≫ ≪燃藜室記述≫ ≪沙溪先生全書≫ ≪淸陰集≫ ≪宋字大全≫ ≪畸庵集≫ ≪谿谷集〉 ≪愼獨齋遺稿≫

『가례집람(家禮輯覽)』은 사계 김장생이 『가례(家禮)』를 증보 해설한 책으로, 『가례』의 본문을 중심으로 하여 예서(禮書)의 고전과 여러 학자의 예설을 주석으로 삼아 완성하였다. 모두 10권 6책으로, 통례(通禮) · 관례(冠禮) · 혼례(婚禮) · 상례(喪禮) · 제례(祭禮)의 순으로 구성되어 있다.

23) 구혁(溝洫) : 전답 사이의 수로(水路). 정전법에서 정(井) 사이의 넓이와 깊이가 4척인 것을 구라하고, 사방의 넓이 10리인 성(成) 사이의 넓이와 깊이가 8척인 것을 혁이라 한다. ≪周禮 考工記 匠人≫

24) 구일(九一)과 십일(什一) : 농작물의 수확량에서 9분의 1이나 10분의 1을 세금으로 징수하는 일. ≪管子 治國≫ ≪孟子 梁惠王 下≫ ≪孟子 滕文公 上≫

25) 맹자(孟子)……십일이다 : 맹자(孟子)가 역대의 세법(稅法)에 대하여 “하후씨는 50무(畝)에서 5무의 수확량을 바치는 공법(貢法)을, 은인(殷人)은 70무에서 7무의 수확량을 바치는 조법(助法)를, 주인(周人)은 100무에서 10무의 수확량을 바치는 철법

침과 모순되어 합치하지 않는다. 기자(箕子)가 평양의 전지제도를 제정하면서 정전을 시행하지 않았는데, 선유(先儒)의 강해(講解)가 상세하지 않았다.

선생이 일찍이 그 제도를 강구하여 이렇게 말하였다. "하후씨(夏后氏)는 50무(畝)를 한 농부에게 주는 전지로 삼았고, 은(殷)나라 사람은 구혁을 고치지 않은 채 하(夏)나라 때 두 농부의 전지를 한 농부에게 주었는데 그 면적을 구하면 70무이다. 주(周)나라 사람은 구혁을 고치지 않고 은나라 때 두 농부의 전지를 한 농부에게 주었는데 그 면적을 구하면 1백무가 된다. 은나라 사람은 70무 안에서 7무를 떼 내어 공전(公田)[26]을 삼았고, 주나라 사람은 1백무 안에서 10무를 떼 내어 공전을 삼았다. 이와 같이 하면 구혁을 고치지 않고도 저절로 70무와 1백무의 전제(田制)가 이루어진다. 또한 맹자(孟子)의 10분의 1을 세금으로 받는다는 가르침과 부합한다."

설(說)을 지어 완성한 뒤에 옥동(玉洞) 선생께 질정하자 옥동 선생은 웃으면서 "나는 옛 정전제도가 어떤지 모르겠으나 이 설로 제도를 삼으면 지극히 온당하겠다."하였다.

선생이 일찍이 병환으로 오래 동안 낫지 않아 나의 선인(先人)께서 침상 아래에서 약시중을 들었다. 윤소남(尹邵南)[27] 어른과 안순암(安順

(徹法)을 썼는데 실상은 모두 10분의 1을 세금으로 바친 것이다.[夏后氏五十而貢 殷人七十而助 周人百畝而徹 其實皆什一也]"라고 하였다. ≪孟子 滕文公 上≫

26) 공전(公田) : 정전(井田) 제도에서 농토를 井자 모양으로 9등분하여 중앙의 한 구역을 사전(私田)을 경작하는 주위의 여덟 집이 공동 경작하여 그 수확물을 세금으로 바치는 땅. ≪詩經 小雅 大田≫ ≪漢書 食貨志 上≫

27) 윤소남(尹邵南) : 소남은 윤동규(尹東奎)의 호. 윤동규는 조선 영조(英祖) 때의 실학자. 주는 유장(幼章). 본관은 파평(坡平). 이익(李瀷)의 문인. 상위(象緯)·역법(曆法)·천문·지리·의약 등의 실생활에 필요한 실용학문의 수립을 역설하였고, 이기설(理氣設) 등 성리학에도 밝았다. 저서에 『사수변(四水辨)』·『소남문집(邵南文集)』이 있다. ≪河演集≫·(順庵集≫·≪貞山集≫

菴)[28] 어른이 앞서거니 뒤서거니 와서 머물며 간호하였다. 언젠가 밤이 깊은 뒤에 선생이 잠든 것을 살펴보고 전일 토론하다가 다하지 못한 말을 소급하여 정리하였다. 마지막에 사단칠정(四端七情)의 이기(理氣)에 대한 분석에 미치자 서로 질의(質疑)하여 하는 말이 꽤나 번잡하였다. 선생이 누워계시다가 은연중 그 말을 듣고는 마침내 병을 무릅쓰고 일어나 앉아 이렇게 말씀하였다.

“『중용(中庸)』 서문에 ‘혹은 성명(性命)의 바른 데에 근원하기도 하고, 혹은 형기(形氣)의 사심(私心)에서 생기기도 한다.’하였고, 『어류(語類)』[29]에 ‘사단(四端)은 이치가 발하고, 칠정(七情)은 기(氣)가 발하는 것이다.’ 하였다. 이것이 곧 이 말이어서 이해하기에 별로 어렵지 않다. 다만 고봉(高峯)[30]이 지나치게 분석하여 노 선생(老先生, 退溪 李滉)과 많은 말을 주고받으면서 허비하여 마침내 우리나라 유가(儒家)의 큰 안건 하나를 이루었다. 그러나 중국은 원래 이런 논란의 단서가 없으니, 만일 중국의 선비가 이를 보면 어찌 한번 크게 웃지 않겠는가. 우선 긴요하지 않은 말은 버려두고 심신과 집안과 국가의 진실로 유용(有用)한 학문에 노력하여 큰

---

28) 안순암(安順菴) : 조선 영조(英祖) 때의 학자 안정복(安鼎福). 순암은 그의 호. 본관은 광주(廣州). 시호는 문숙(文肅). 이익(李瀷)의 문인. 벼슬은 동지중추부사(同知中樞府事). 실학(實學)을 공부하여 많은 저술을 남겼다. 저서에 『동사강목(東史綱目)』·『하학지남(下學指南)』·『열조통기(列朝通紀)』·『임관정요(臨官政要)』·『계갑일록(癸甲日錄)』·『가례집해(家禮集解)』·『잡동산이(雜同散異)』·『성호사설유선(星湖僿說類選)』·『순암문집(順菴文集)』 등이 있다. ≪朝鮮.正祖實錄≫ ≪順菴文集≫ ≪星湖文集≫ ≪邵南文集≫ ≪貞山雜著≫

29) 『어류(語類)』 : 남송(南宋)의 성리학자(朱熹)와 그 문인(門人)들의 학문상의 문답을 기록한 책. 주희의 제자 황사의(黃士毅)가 문인들의 기록을 모두 모아 140권으로 편집했고, 후에 여정덕(黎靖德)이 새롭게 정리하여 정본(定本) 140권을 만들었다. 이기(理氣)·귀신(鬼神)·성리(性理)·학(學) 등의 26문(門)으로 나누어져 있다.

30) 고봉(高峯) : 조선 선조(宣祖) 때의 학자 기대승(奇大升). 고봉은 그의 호. 본관은 행주(幸州). 시호는 문헌(文憲). 벼슬은 대사성(大司成). 퇴계(退溪)와의 사단 칠정(四端七情)의 논변으로 유명하며, 그의 사칠이기론(四七理氣論)은 퇴계도 존중하였다. 저서에 『주자문록(朱子文錄)』·『논사록(論思錄)』·『고봉문집(高峰文集)』 등이 있다. ≪朝鮮明宗·宣祖實錄≫ ≪高峰集≫ ≪朝鮮儒學史≫

사업을 이루는데 힘써야 한다. 힘쓰고 힘쓸지어다."

나는 그 때 귀퉁이에 앉아 이 일을 직접 보았기 때문에 지금 추억하니 마치 어제의 일과 같다.

언젠가 여러 촌아이들이 물에 작은 물고기를 담아서 돌려 보고 있었다. 선생이 가져오게 하여 앞에 놓고 묵묵히 앉아 자세히 관찰하니 물고기 떼가 헤엄을 치며 즐겁게 놀면서 서로 장난을 치기도 하고 서로 따르기도 하였다. 밥알을 던지면 앞을 다투어 달려와서 먹다가 사람이 가까이 오면 바로 피하여 숨었다. 선생은 이렇게 말씀하였다. "물고기는 지극히 미물(微物)인데도 칠정(七情)이 없는 것이 없어서 이로운 데 달려가고 해로움을 피하는 것은 사람과 다르지 않다. 다만 사단(四端)이 나타나는 것은 전혀 없으니, 주자(朱子)의 '이치가 발하고, 기가 발한다[理發氣發][31]'는 가르침을 여기에서 더욱 징험하겠다."

선생이 일찍이 말씀하였다. "어린아이에게 글을 가르칠 때 내가 전심(專心)으로 강습시켜 읽히면 유창하게 글을 읽는다. 그런데 조금이라도 다른 생각이 끼어들면 자구(字句)가 어지러워져서 문리(文理)를 이루지 못한다. 다른 사람의 위치에서 보면 나의 말하고 침묵하며 움직이고 그치는 행위가 앞의 행위와 다르지 않을 것이다. 그러나 한 생각의 소홀함에서 오는 호응이 즉시 나타나니, 성의(誠意)가 사물에 감응하는 것이 이와 같다."

선생은 책읽기를 극도로 좋아하여 경전(經傳) 이외에 제자백가(諸子百

---

31) 이치가 발하고 기가 발한다[理發氣發] : 성리학의 심성론(心性論)에서 사단(四端)과 칠정(七情)을 각각 이(理)의 발현과 기(氣)의 발현으로 구분하는 이황(李滉)의 학설. 이를 이기호발설(理氣互發說)이라 하는데, 이에 대하여 이이(李珥)는 사단과 칠정은 모두 기의 발현으로 보는 기발일도설(氣發一途說)을 주장하였다.

家)의 말과 후대 문인의 만필(漫筆)까지도 읽지 않은 것이 없었다. 언젠가 어떤 사람의 집에 가서 우연히 명(明)나라 사람의 문집 서문에 "『시경(詩經)』에 이르기를 '물건이 많으니, 그 맛이 있도다[物其多矣 維其旨矣].' 하였는데, 많은 데 달려 있는가? 그 맛이 귀한 것이다."라는 글을 읽었다. 선생은 "그 말이 지극히 유리(有理)하니 물건은 많음을 귀하게 여기는 것이 아니라, 그 맛을 취하는 것이다. 책을 펴면 얻는 것이 있다는 말이 진실로 그렇지 않은가?"하였다.

문인 제자들이 경전을 강질(講質)할 적에 만일 한마디 말이라도 핵심을 찔러 정밀한 뜻을 밝혀낸 것이 있거나, 또는 전대의 역사를 논하여 그 성패와 득실의 원인, 명물(名物) 제도의 자세함을 혼자 깨달아 아는 경우가 있으면 선생은 반드시 기쁜 안색을 나타내었다. 그러고는 "그럴 것이다. 생각해보니 참으로 그렇다."하시면서 장려하기를 마지않았고, 두루 빈객들에게 칭찬하였다. 후생이나 후학의 하찮은 선(善)이라도 반드시 취하고 작은 장점이라도 버리지 않았다. 그 때문에 학문은 더욱 넓어지고, 견해는 더욱 밝아졌다. 이는 태산(泰山)이 흙덩이 하나도 사양하지 않고 하해(河海)가 작은 물줄기도 가리지 않고 다 받아들였기 때문에 그 높고 큼을 이룬 것이다.[32]

선생이 말씀 하셨다. "군자는 일상생활의 언동(言動)과 일을 처리하고 외물을 접촉할 때 잠시라도 경(敬)을 잊어서는 안 된다. 경을 잊으면 곧 덕을 잃게 되니 두렵지 않겠는가!

경을 지키는 공부는 네 가지가 있다. '외면의 몸가짐을 단정히 하고 내면의 마음을 엄숙히 하며[整齊嚴肅]', '마음을 전일하게 하여 다른 잡념이

---

32) 태산(泰山)……이룬 것이다 : 진(秦)나라 이사(李斯)의 「간축객서(諫逐客書)」에 "泰山不讓土壤, 故能成其大, 河海不擇細流, 故能成其大"라 보인다.

없게 한다[主一無適]'는 것은 정부자(程夫子, 程頤)의 가르침이다.

'마음이 항상 깨어 있게 한다는 법[常惺惺法]'은 윤화정(尹和靖)[33]의 말이다. '그 마음을 거두어 하나의 외물도 용납하지 않는다[其心收斂 不容一物]'는 것은 사상채(謝上蔡)[34]의 말이다.

주부자(朱夫子, 朱熹)는 「경재잠(敬齋箴)」에서 하나하나 해설하면서 전체를 묶어 매듭지어 말씀하였다. '동할 때나 정할 때 (경(敬)에서) 떠나지 않으며[動靜不違], 외면과 내면을 서로 바룬다[表裏交正]'는 것은, 이 「경재잠(敬齋箴)」 한 편의 기본 골자이다. 이를테면 '의관을 바르게 하고[正其衣冠], 바라보는 눈길을 존엄하게 하여[尊其瞻視], 전일한 마음으로 처하여[潛心以居], 상제를 대한 듯해야 한다[對越上帝]'는 것은, 바로 정할 때 경을 하는 것이니, 외면을 바르게 하여 내면을 바르게 하는 것이다. '발을 움직이는 태도는 반드시 진중하게 하며[足容必重], 손을 움직이는 태도는 반드시 공손히 하여[手容必恭], 땅을 가려 밟고 다녀[擇地以蹈], 개밋둑에는 꺾어나 돌아서 가야 한다[折旋蟻封]'는 것은, 바로 동할 때 경을 하는 것이니, 외면을 바르게 하여 내면을 바르게 하는 것으로, 곧 외면의 태도를 단정히 하고 내면의 마음을 엄숙히 하는 공부이다. '문밖에 나가서는 손님을 대한 듯이 공경하며[出門如賓], 일을 처리할 때는 제사를 받들 듯이 공경하여[承事如祭], 두려워하고 조심하여[戰戰兢兢], 감히 혹시라도 소

33) 윤화정(尹和靖) : 송(宋)나라 낙양(洛陽) 사람. 이름은 돈(焞). 자는 언명(彦明), 또는 덕충(德充). 호는 삼외재(三畏齋). 일찍부터 정이(程頤)를 스승으로 섬겨 고제(高弟)가 되었다. 흠종(欽宗) 정강(靖康) 초년에 부름을 받아 황제에게 화정처사(和靖處士)라는 호를 받았으므로 화정 선생으로 일컬어진다. 숭정전설서 겸 시강(崇政殿說書兼侍講)을 지냈다. 저서에 『맹자해(孟子解)』·『화정집(和靖集)』이 있다. ≪宋書 428≫·≪宋元學案 27≫

34) 사상채(謝上蔡) : 송(宋)나라 채주(蔡州) 상채(上蔡) 사람. 이름은 양좌(良佐). 자는 현도(顯道). 시호는 문숙(文肅). 배우는 사람들이 상채 선생이라 불렀다. 정호(程顥)·정이(程頤)의 제자로, 유작(遊酢)·여대림(呂大臨)·양시(楊時)와 함께 정문사선생(程門四先生)으로 일컬어졌다. 저서에 『논어설(論語說)』·『상채어록(上蔡語錄)』이 있다. ≪宋史≫·≪宋名臣言行錄 7≫·≪宋元學案 24≫

홀함이 없어야 한다[罔敢或易]'는 것은, 바로 동할 때 경을 하는 것이니 외면을 바르게 하여 내면을 바르게 하는 것으로, 곧 마음이 항상 깨어있게 한다는 법이다.

'병처럼 입을 닫고 말을 가볍게 하지 않으며[守口如甁], 성처럼 사사로운 생각을 막아서[防意如城], 공경하고 삼가 조심하여[洞洞屬屬], 감히 혹시라도 경솔함이 없어야 한다[罔敢或輕]'는 것은, 바로 정할 때 경을 하는 것이니 내면을 바르게 하여 외면을 바르게 하는 것으로, 곧 그 마음을 거두어 하나의 외물도 용납하지 않게 하는 공부이다. '마음을 둘로 나누어 두 가지 일을 하지 않으며[不貳而二], 셋으로 나누어 세 가지 일을 하지 아니하여[不參而三], 정밀하게 살피고 전일하게 가져[維精維一], 끝없이 변하는 일을 살펴야 한다[萬變是監]'는 것은, 바로 정할 때 경을 하는 것이니 내면을 바르게 하여 외면을 바르게 하는 것으로, 곧 마음을 전일하게 하는 공부이다. '동쪽으로 가다가 서쪽으로 바꾸지 않으며[不東而西], 남쪽으로 가다가 북쪽으로 바꾸지 아니하여[不南而北], 일을 만나면 그 일에만 마음을 보존하여[當事而存], 다른 곳으로 가지 않아야 한다[靡他其適]'는 것은, 바로 동할 때 경을 하는 것이니 외면을 바르게 하여 내면을 바르게 하는 것으로, 곧 다른 잡념이 없게 하는 공부이다.

그 아래의 '잠시라도 (경을) 중단함이 있으면[須臾有間], 온갖 사욕이 일어나[私欲萬端], 불이 없어도 저절로 뜨거우며[不火而熱], 얼음이 없어도 저절로 차게 된다[不氷而寒]'는 것은, 바로 정할 때 (경에서) 떠난 것이니, 내면이 바르지 않은 것이다. '터럭만큼이라도 어긋남이 있으면[毫釐有差], 하늘과 땅의 자리가 바뀌어[天壤易處], 삼강이 다 망해 없어지고[三綱旣淪], 구법[35]도 무너진다[九法亦斁]'는 것은, 바로 동할 때 (경에서) 떠난

35) 구법(九法) : 홍범(洪範) 구주(九疇)를 이른다. 곧 천하를 다스리는 큰 아홉 가지 법으로, 오행(五行)・경용오사(敬用五事)・농용팔정(農用八政)・협용오기(協用五紀)・건용황극(建用皇極)・예용삼덕(乂用三德)・명용계의(明用稽疑)・염용서징(念用庶徵)・향용오복(向用五福)과 위용육극(威用六極)을 이른다.

것이니, 외면이 바르지 않은 것이다.

위아래 말의 맥락이 분명하게 연결되어 있고, 글의 짜임새가 조리 정연하며, 체계가 명백하다. 배우는 사람이 여기에 꼼꼼하게 뜻을 생각하여 찾아 아주 다급한 때에도 마음에 보존하여 잃지 않고 지키면 경을 하는데 가까울 것이다."

"선생이 말씀하셨다. "마음은 잠깐이라도 놓아서는 안 된다. 그렇게 하지 않으면 일을 처리하고 사물을 접촉할 때마다 과오가 생기니 두렵지 않겠는가! 이 때문에 마음을 잡아서 보존하는 요체[操存之要]가 정할 때 하는 공부에 달려 있다. 일을 처리하려고 이미 접촉했을 때 마음이 벌써 분별없이 함부로 움직이면 창졸히 수습하여 멈추기 어렵다. 『주역(周易)』에 '군자가 온종일 그치지 않고 힘써서 저녁에 경계하고 두려워하면 위험하지만 허물이 없을 것이다[君子終日乾乾 夕惕若厲 無咎]'하였다."[36]

선생이 말씀하셨다. "경신(敬愼) 두 글자를 항상 마음에 새겨 두어 잊지 않고 자꾸 생각하면 죽을 때까지 써도 넉넉하여 남음이 있을 것이다."

선생이 평소 집에 있을 적에는 손에서 책을 내려놓을 때가 없었고, 손님을 마주하여 대화할 적에는 도(道)에 관한 이야기만을 하면서 종일토록 권태로운 기색이 없었다. 이 밖에는 다시 한 가지 일도 관심을 두는 것이 없었다. 책을 읽다가 의심스러운 곳이 있으면 마음속에 저장하여 잊지 않고 있다가 손님을 만나면 반드시 질문하였다. 들어서 얻은 것이 있으면 기뻐하는 마음이 안색에 나타났다. 만일 그의 말에 채택할 만한 것이 있으면 후생만학(後生晩學)일지라도 전혀 소홀히 여기지 않았다.

후진(後進)을 가르칠 적에 한마디로 바로 말해주지 않고 반드시 하나의

---

36) 군자가……없을 것이다 : 『주역(周易)』 건괘(乾卦) 구삼(九三)의 효사(爻辭)에 보인다.

단서를 조금 제시하여 그가 분비(憤悱)[37]하기를 기다린 뒤에 깨우쳐주고 말해주어 깊이 깨닫고 투철히 이해하게 하고나서 그만두었다. 어린아이에게 글을 가르칠 적에도 구두(句讀)를 먼저 가르쳐주지 않고 반드시 위아래의 문장의 기세와 말의 맥락을 지시하여 스스로 터득하게 하였다. 간혹 어리석고 둔한 사람이 한동안의 시간이 지나도 스스로 알지 못하는 경우가 있다. 곁에서 보기에도 지극히 권태로워 하품이 나오고 기지개를 켤 정도인데도 끝내 그 법도를 바꾸지 않았다. 그것은 배우기를 싫어하지 않고 가르치기를 게을리 하지 않는[學不厭 教不倦][38] 천성이 그렇기 때문이다.

옛일을 기억해보니 선생의 상(喪)에 내가 제문을 지어 제(祭)를 드리며 이렇게 말했다. "옛날 자공(子貢)이 공자를 찬미하여 '배우기를 싫어하지 않은 것은 지(智)이고, 가르치기를 게을리 하지 않은 것은 인(仁)이다'하였다. 내가 선생을 보건대 거의 인과 지에 가까울 것이다."

제문에서 또 이렇게 말했다. "널리 알면서도 요점을 얻었고, 온화하면서도 엄정하였으며, 맑으면서도 격렬하지 않았고, 검소하면서도 인색하지 않았으며, 개결(介潔)하면서도 고고(孤高)하지 않았고, 옛일을 좋아하면서도 얽매이지 않았으며, 정도를 지키면서도 남과 다르기를 구하지 않았고, 학문을 좋아하면서도 반드시 실용을 추구하였으며, 뜻이 커서 도를 즐거워하면서도 남이 알아주기를 구하지 않아 80년 동안 하루처럼 한결같았습니다. 이는 우리 선생님이 아니면 그 누가 이런 경지에 참여하겠습니

---

37) 분비(憤悱) : 알려고 애태워도 알아내지 못하고, 말하려고 애써도 말이 나오지 않음. 오랫동안 애써 생각하여 해결하려는 태도를 이른다. 『논어(論語)』 「술이(述而)」에 "알려고 애태우지 않으면 깨우쳐주지 않고, 말하려고 애쓰지 않으면 말해주지 않는다[不憤不啓 不悱不發]."하였다.

38) 배우기를……하지 않는 : 『논어(論語)』 「술이(述而)」에 "學而不厭 誨人不倦"이라 보인다.

까!" 그러자 여러 문인과 학자들이 모두 "선생의 도덕과 학문을 모두 잘 형용하였다."라 하였다.

선생이 일찍이 퇴계(退溪) 선생의 좋은 말씀과 훌륭한 교훈을 수집해서 엮어 기록하여 책을 만들고 『도동록(道東錄)』이라고 명명하였다. 이는 주자(朱子) 이후에 퇴계 선생만이 그 도를 전승했기 때문이다. 문인 순암(順菴) 안정복(安鼎福)공에게 교정을 부탁하였다. 그러고는 또 "남겨두고 빼는 것을 자네 뜻대로 하고 나에게 묻지 말라."하셨다. 평소에 순암을 깊이 믿었기 때문에 그에게 전적으로 맡긴 것이 이와 같았다. 순암이 편지를 보내 책 이름을 『이자수어(李子粹語)』으로 고치자고 요청하자, 선생은 답서를 보내 그렇게 하라고 하셨다. 또 『이자수어』의 서문을 지어 보냈다. 작업을 마치고 보내오자 선생이 한번 열람하시고는 그 편목(篇目)이 번쇄하여 아정(雅正)함이 부족함을 꺼려하셨다. 제자들에게 말씀하기를 "백순(伯順, 안정복의 자)이 글을 지나치게 분석하였다."하시고 또 "당초에 책 이름을 지은 것은 뜻이 있어서인데 굳이 고칠 필요가 있겠는가. 옛 이름대로 하는 것이 좋겠다."하셨다.

선생이 일찍이 말씀하셨다. "여행은 학문하는 데에 매우 심하게 방해된다. 길을 떠나기 이삼일 전부터 여행하는 일에 마음이 끌리어 타고 갈 말, 시종할 노복, 가는 길, 여행 경비 등 모두 마음을 써서 마련해야 한다. 돌아와서는 몸이 피곤하고 마음과 정신이 산란하니 며칠 동안 한가로이 휴양하여 마음이 안정되고 기운이 가라앉기를 기다려야 한다. 그런 뒤에 비로소 전에 하던 학업을 다시 할 수가 있다. 대우(大禹)는 성인이면서도 촌음(寸陰)을 아꼈는데 우리 무리가 다소간의 날짜를 쓸데없이 허비한다면 어찌 아깝지 않은가!" 배우는 사람들이 이 때문에 선생의 학문이 대부분 정(靜)을 위주로 하여 이치를 깊이 연구하는 데 있음을 알게 되었다.

생각해보니 계유년(癸酉年, 1753) 겨울에 선생이 우연히 한질(寒疾)에 걸려 몸을 이불로 싸고 앉아 있자 여러 제자들이 쭉 벌려 서서 모시고 있었다. 선생이 양학(洋學)에 대한 논의가 미치자 말씀하셨다. "서방 사람의 학문은 분수(分數)이다. 추보(推步)[39]에 정밀하고 계산에 정교하다. 그들의 천문 역법, 기하(幾何)의 산술, 수차(水車)의 제도와 기타 명물(名物)·도수(度數)에 관한 의론은 모두 오묘함의 극치를 다하였다. 그러나 학술의 경우는 지극히 허망하여 오히려 여자 무당의 허튼소리와 같다. 아마 그들의 풍습이 귀신을 숭상하여 사람들이 남의 속이고 현혹시키는 술법을 많이 익혔을 것이다. 때문에 오로지 귀신에 관한 말로 하늘과 사람을 속이어 윤서(倫序)가 없고 이치에 어그러져서 하는 말이 수준이 낮고 천박하여 온갖 터지고 새는 곳이 드러난다. 그들의 하늘을 섬기는 절도(節度)는 승려가 부처를 섬기는 것과 똑같아서 괴이하고 어그러져서 차마 바로 보지 못할 지경이다. 선비 된 사람이 만일 경서(經書) 몇 권의 가르침을 읽었다면 어찌 그들에게 속임을 당할 리가 있겠는가.

다만 세상의 과대 허망하여 이름이 나는 것을 좋아하는 사람이 스스로 자기의 학술과 재식(才識)이 남보다 뛰어나지 못하다고 생각하면 이에 천주설(天主說)을 빌려 천하 고금의 첫째가는 의리로 삼고 온 세상에서 스스로 높아지려고 힘쓴다. 또 우둔하여 식견이 없는 무리는 갑자기 그 말을 듣고는 바람에 풀이 눕고 그림자가 따라붙듯이 쫓아서 금지할 수가 없으니 그 환난을 이루 말할 수 없을 것이다. 나는 미처 보지 못하겠지만 너희들은 반드시 직접 그런 일을 볼 것이다. 아무쪼록 내 말을 잊지 말고 요동치는 물결 가운데에서 스스로 빠져나오기 바란다."

---

39) 추보(推步) : 천상(天象)의 역법(曆法)을 추산하는 일. 일월(日月)이 하늘에서 도는 것이 마치 사람이 걸음을 걷는 것과 같아서 추산하여 알 수 있다는 뜻으로 이르는 말이다. ≪後漢書 馮緄傳≫·≪抱樸·塞難≫

선생의 학문은 지엽적인 말과 의론에 있지 않고 마음으로 체험하여 터득한 것을 귀중히 여겼으며, 화려하고 실상이 없는 문장을 숭상하지 않고 오직 실용(實用)의 공부에 힘썼다. 이는 바로 옛 성현의 진실한 학문에 나아가는 길이니, 『대학(大學)』의 삼강령(三綱領) 팔조목(八條目)[40]이 어찌 실제의 말이 아닌가. 일찍이 소평천(邵平泉)[41]의 "진실한 사대부가 되기를 원하고, 가짜 도학자가 되기를 원치 않는다[願爲眞士大夫 不願爲假道學]"는 한마디로 크게 깨닫게 하는 말을 손수 써서 벽에 걸었다.

선생은 태어나면서 어질고 효성스러워 어린아이 때부터 어머니 권대부인(權大夫人)의 뜻을 조금도 거스르지 않고 한결같은 마음으로 순종하니 사람들이 모두 기특하게 여겼다. 장성하자 기쁜 마음으로 받들어 반걸음을 걸을 적에도 효도하는 마음을 잊지 않았다. 권대부인의 병이 위독하여 정신이 이미 어두워지고 말이 통하지 않게 되었다. 남녀 자손들이 둘러앉아 몸을 부여잡고 숨이 끊어지기를 기다리고 있었다. 그 때 선생이 갑자기 밖으로 나가 칼로 열 손가락을 베어 피를 내고 그릇에 피를 받아가지고 들어와 입에 흘려 넣었다. 조금 지나자 대부인이 다시 소생하여 사람들과 말을 주고받으며, 미음을 억지로 마시면서 여러 날을 연명하였다. 선생은 대부인의 마음을 상하게 하지나 않을까 염려하여 집안사람들에게 손가락 벤 일을 숨기고 말하지 못하게 단속하였다.

40) 삼강령(三綱領) 팔조목(八條目) : 『대학(大學)』의 세 강령인 명명덕(明明德) · 신민(新民) · 지어지선(止於至善)과 여덟 조목인 격물(格物) · 치지(致知) · 성의(誠意) · 정심(正心) · 수신(修身) · 제가(齊家) · 치국(治國) · 평천하(平天下)를 이른다.

41) 소평천(邵平泉) : 명(明)나라 소보(邵寶)의 호. 소보는 무석(無錫) 사람으로 자는 국현(國賢). 호는 천재(泉齋), 또는 이천(二泉). 여기서 평천이라고 한 것은 착오가 있는 듯하다. 시호는 문장(文莊). 성화(成化) 연간의 진사(進士). 벼슬은 호부 우시랑(戶部右侍郞)을 역임하였다. 주자(朱子)의 사창(社倉)을 모방하여 적산법(積散法)을 세웠고, 백록서원(白鹿書院)을 수리하는 등 학정(學政)과 교화에 힘썼다. 저서에 『조정거요(漕政擧要)』 · 『혜산기(慧山記)』 · 『용춘당집(容春堂集)』이 있다. ≪明史 282≫ · ≪萬斯同明史 255≫ · ≪明史稿 264≫ · ≪皇朝人物攷 4≫

선생은 부학공(副學公)[42]의 귀양지인 운산군(雲山郡, 평안북도 중앙에 위치한 군)에서 태어났다. 이듬해 부학공이 별세하니, 선생이 선고(先考)의 얼굴을 알지 못하는 것으로 평생의 더할 수 없는 애통함으로 삼았다. 권대부인의 상을 당하자 삼년 동안 거친 음식을 먹고 지나친 슬픔으로 야위어 거의 죽을 지경이 되었으며, 늙어서도 슬퍼하고 사모하는 마음을 멈추지 않았다.

간혹 선부모(先父母)에 대한 말을 하게 되면 그때마다 눈물을 줄줄 흘리며 목이 메어 말소리가 나오지 않았다. 임술년(壬戌年, 1742) 1년이 돌아오자 추복(追服)[43]을 행하려고 여러 문인들과 그 제도를 강론하여 결정하였다. 그때 윤소남공(尹邵南公)[44]이 예경(禮經)[45]에 없다는 이유로 재삼 간(諫)하여 그치게 하니 선생이 끝내 추복을 입지 않았다. 그러나 한 해를 마치도록 재계하고 따로 거처하며 근심하고 슬퍼하기를 마치 상제가 상을 치르는 집[苫廬]에 있을 때와 같이 하였다. 잔치 자리에 가지 않았고, 음악을 듣지 않았다.

신유년(辛酉年, 1681) 회갑일에 자제와 문생(門生)들이 모두 모시고 잠을 잤다. 닭이 울 때가 되자 선생이 홀로 일어나 의관을 갖추고 집 뒤의 섬계(剡溪) 선생 묘 앞에 올라가 고개를 숙이고 엎드려 소리 내어 슬피 울었다. 이때는 한창 추운 겨울이어서 눈물에 젖은 옷소매가 모두 얼었다. 날이 밝을 즈음에 집안사람들이 알아채고 모두 가서 부축하여 돌아왔다.(생신은 곧 10월 18일이다)

---

42) 부학공(副學公) : 성호(星湖) 선생의 부친 이하진(李夏鎭). 홍문관 부제학(弘文館副提學)을 지냈기 때문에 이른다.
43) 추복(追服) : 상기(喪期)가 지난 뒤에 상복을 추가로 입어 복상(服喪)하는 일.
44) 윤소남공(尹邵南公) : 앞의 주 27) 참조.
45) 예경(禮經) : 예(禮)에 관한 경전(經典). 『의례(儀禮)』·『예기(禮記)』를 이른다. ≪漢書 儒林傳≫·≪禮經通論≫

선생은 생신을 맞을 때마다 더욱 슬퍼하며 부모를 사모하여 술을 차리지 못하도록 금지하였다. 이때에 문인이 혹 술과 안주를 싸가지고 오면 선생이 억지로 한 잔을 드셨다. 집안사람들이 이 기회를 틈타 약간의 떡과 고기를 내어오면 선생도 거절하지 않으시고 문생들과 함께 드셨다. 이는 문생들의 뜻을 굳이 어기려고 하지 않았기 때문이다.

선생은 한 분의 누님이 있는데 일찍 과부가 되었고 성품이 좁아 친정에 올 때마다 간혹 인정에 벗어난 말로 꾸짖었다. 선생은 얼굴 가득 눈물을 흘리고 울면서 완곡한 말로 권하여 풀어주니 누님도 감동하여 깨우쳤다. 돈독한 우애의 정이 늙을 때까지 한결같아서 말이나 안색을 잘못하는 일이 없었다.

선생의 연세가 70쯤 되어 누님의 상을 당하여 영구(靈柩)가 골짜기에 있었다. 선생은 애통으로 병이 나서 곧상 날려가지 못하니, 종중의 여러 노인들이 모두 와 위로하여 풀게 하였다. 선생은 울면서 "누님과 아우의 나이가 모두 70 노인이니 돌아가는 것은 순리인데 무슨 유감이 있겠습니까. 다만 부모님이 돌아가신 이후로 형제자매 모두 여덟 사람이 벌써 다 죽고 누님과 아우 두 사람이 남았었는데 지금 또 누님이 돌아가셨으니, 새 슬픔과 묵은 슬픔이 가슴에 가득 차서 자제하지 못할 뿐입니다."하였다.

장례를 치른 후 석 달 만에 비로소 아침을 먹은 뒤에 묘소에 가 엎드려 통곡하였다. 저녁때가 되었는데도 일어나지 않아 여러 사람들이 그만 하기를 권하여 부축에 돌아왔다. 이날 밤에 병이 크게 일어나 날마다 더욱 깊어지자, 종숙(從叔) 정랑공(正郎公)[46]이 밤마다 계속 가서 구호하였다.

---

46) 정랑공(正郎公) : 성호의 맏아들 이맹휴(李孟休)를 이른다. 예조 정랑(禮曹正郎)을 지냈기 때문에 이르는 칭호로, 이 「언행록(言行錄)」을 지은 이삼환(李森煥)에게 종숙이 된다.

위험한 상태를 여러 차례 겪다가 삼 개월을 넘기고 나서 천행으로 회복되었다. 그러나 겨우 기력을 유지할 정도여서 말을 타고 갈 수가 없어 마침내 배를 타고 뱃길로 돌아왔다.

선생이 집에 돌아와 집안 자제들에게 말씀하셨다. "내가 병이 한창 매우 심했을 때 정신이 가물가물하여 잠이 들지도 깨지도 않은 어렴풋한 상태에서 홀연히 '천지는 사사로움도 없고 버리는 것도 없어서, 병든 사람의 머리 위에 햇빛이 비친다[天地無私無棄物 病人頭上日揚華]'라는 구절을 얻었다. 이는 죽지 않는다는 글귀이다."

선생은 종족들을 곡진한 은정(恩情)과 예의로 대우하였다. 궁핍한 사람을 보면 반드시 있는 힘을 다해 두루 구제하여 병에 든 곡식[瓶粟][47]이 다 떨어지는 것도 따지지 않았다. 또 종중의 친족 어른의 기일(忌日)에 집이 가난하여 제사를 지내지 못한다는 말을 들으면 곧 근심스러운 안색을 지으면서 "아무 친족의 아무 어른 기일에 제사를 지내지 못하는데 나만 배불리 먹는다면 마음에 편안하겠는가!"하였다. 그러고는 마침내 말곡식을 보내면서 "탕국과 메, 채소와 과일만으로도 정성을 다할 수 있으니 어찌 꼭 성대히 차려야만 되는가."라고 하였다.

삼환(森煥)이 일찍이 호서(湖西)에서 여막을 지킬 때[48] 처자는 섬중(剡中)[49]에 머물렀다. 이때 흉년을 만나 꽤나 곤궁하였는데 선생은 "저는 이

47) 병에 든 곡식[瓶粟] : 적은 분량의 곡식을 뜻한다. 도연명(陶淵明)의 「귀거래사(歸去來辭)」 서(序)에 "병에는 저장한 곡식이 없다[缾無儲粟]이라 하였다.
48) 호서(湖西)에서 여막을 지킬 때 : 호서는 충정남도 예산군 덕산면 장천리를 가리킨다. 이삼환의 양부(養父) 이병휴(李秉休)가 이곳에 거주하였고, 이삼환이 여기서 거상(居喪)했기 때문에 이른 말이다.
49) 섬중(剡中) : 첨성리(瞻星里)는 점성리(占星里) 혹은 점섬(占剡)으로도 불렀다. 이 일대에 섬산(剡山), 섬계(剡溪), 섬중(剡中), 섬천(剡川) 등의 지명이 있었다.

미 먼 곳에 있고 그의 처자는 이처럼 곤궁한데 내가 구제하지 않으면 어디에 의지하겠는가."하시고는 자주 사람을 보내 탐문하였다. 간혹 밥솥에 불을 지피지 못하면 그때마다 계속 곡식을 대주었기 때문에 굶주리지 않았다.

섬계(剡溪) 한 지역은 여러 대의 가족을 장례지낸 곳이다. 나의 본생가(本生家) 선인(先人)[50]이 송추(松楸)를 베지 못하도록 가꾸는 일을 전적으로 도맡았다. 종인(宗人) 집안의 노복들을 모아 번갈아 순찰을 돌게 하였으나 인심이 한결같지 않아 일정한 통제 아래 소속되게 할 방도가 없었다. 마침내 돈을 모아 계를 만들고 이자를 거두어 때로 남는 돈이 있으면 여러 종족들이 나누어 썼다. 언젠가 남은 돈 15꿰미를 가지고 와서 바쳤는데 선생이 이를 받아 두고는 삼환에게 물었다. "서울의 종족 중에 누가 가장 곤궁한가?" 나는 "아무아무가 더욱 곤궁합니다."라고 대답하였다. 선생은 "조금 전에 받은 돈은 실로 남은 물건이다. 곤궁한 종인을 구제하고 싶다."하고는 즉시 나누어 보내게 하고 한 푼도 남겨두지 않았다.

나의 선인은 네 살 때 아버지를 여의었고, 어릴 때 천연두를 앓아 형세가 위험하고 나빠 보는 사람들이 모두 치료하기 어렵다 하였다. 선생이 아침부터 밤까지 근심하고 애써서 눈을 붙이고 잠을 자지 않았으며 옷의 띠를 풀지 않았다. 의원을 찾아 약을 물으며 정성을 다해 구호하여 끝내 무사하게 되었다. 선인은 늘 "그 때의 일을 나는 아직도 생생하게 기억하고 있다. 계부(季父)의 두터운 사랑이 아니었다면 어떻게 지금까지 목숨을 연장할 수 있겠는가."라는 말씀을 하셨다.

---

50) 본생가(本生家) 선인(先人) : 이삼환(李森煥)의 생부(生父)는 이광휴(李廣休)이고, 광휴는 성호(星湖)의 바로 위의 형 침(沈)의 막내아들로, 성호의 맏형 해(瀣)에게 입양되었다. 삼환은 또 성호의 둘째형 섬계(剡溪) 잠(潛)에게 입양되니, 성호와는 종조손(從祖孫)간이 된다.

선생은 여러 이치에 해박하여 의약(醫藥)에도 두루 통하였다. 오장육부와 맥박의 상태, 병세가 바뀌는 형편, 약재의 성질상 병을 다스리고 기운을 보충하는 품질을 모두 깊이 이해하여 변변치 못한 속된 의원이 미칠 수가 없었다. 병든 사람이 와서 여쭈면 그때마다 치료하는 방법을 지시하였다. 종족의 병에는 반드시 직접 가서 병의 상태를 살펴보았다. 항렬이 낮고 어린이거나 부인의 병이라도 깊고 위중함을 들으면 가지 않은 적이 없어서 이른 아침과 밤중, 추위와 더위에도 피하지 않았다.

촌사람이 뜨거운 한낮에 벼의 김을 매다가 갑자기 열학(熱瘧)에 걸리어 정신을 잃고 전혀 깨어나지 못해 이미 뻣뻣한 시체가 되었다. 선생이 급히 많은 사람들을 시켜 메어 오게 하여 나무 그늘 아래 안치하고 직접 경혈을 눌러 침을 놓고 청심환을 물에 갈아 입에 주입하였다. 병자의 어머니가 마침 출타했다가 뒤에 와서 환약의 금물[金泥]이 이에 덮여있는 것을 보고는 발을 두드리면서 "똥을 토하다가 뱉어내지 못했구나."라 하였다. 곁에 있던 사람이 "똥이 아니라 곧 약 찌꺼기이다."하니, 그의 어머니는 더욱 감격하였다. 꽤나 오랜 뒤에 비로소 차츰 소생하여 저물녘에 돌아갔다.

선생이 어느 겨울날 새벽에 일어나 마을 사람이 탄식하는 소리를 듣고 그 까닭을 물었다. 대답하기를 "북촌 아무개의 아내가 한밤중에 자식을 낳았습니다. 그의 남편은 마침 출타하여 국과 밥을 마련해줄 사람이 없고 방의 온돌도 차가워서 뻣뻣하게 얼어 죽었습니다."하였다. 선생이 바삐 그의 집에 가 문밖에 서서 이웃의 늙은 부인을 불러 들어가 살펴보게 하면서 "심장 부위의 우묵한 곳이 미지근하면 그래도 살릴 수 있다."하였다. (늙은 부인이 들어가 살펴보고는) 나와서 "온몸이 뻣뻣하게 얼었고 가슴에는 한 점의 온기도 없습니다."하였다. 선생은 "벌써 때가 늦었구나."라

하고는 탄식하고 가슴 아파 하면서 돌아왔다. 이는 사람에게 인(仁)을 베풀고 사물을 소중히 여기는 천성으로 친소와 존비의 구별 없이 똑같이 인애(仁愛)를 베풀지 않는 경우가 없어서이다.

족인(族人) 집의 한 처녀가 일찍 부모를 여의었고 또 형제와 친속이 없어서 시집갈 때를 놓친 채 의지할 곳 없이 외롭게 있었다. 선생이 매우 가엽게 여겨 집안에 거두어 두었는데, 고을에 사는 선비로서 중년에 상처한 사람이 있었다. 마침내 그와 혼사를 의논하여 거친 베옷을 대략 갖추어 시집을 보냈다. 시집간 뒤에 가산(家産)을 잘 관리하고 아들을 낳아 집안 살림을 조금 이루게 되었다.

선생의 형제는 다섯 사람이다. 백씨 청운공(靑雲公)[51]은 일찍 죽어 후사(後嗣)가 없으므로 나의 본생가 선인으로 후사를 세웠다. 둘째 형은 섬계(剡溪) 선생인데 화를 당했다.[52] 셋째 형은 옥동(玉洞) 선생이고, 넷째 형은 처사공(處士公)인데 모두 출계(出系)하여 먼 곳에 살았다.

나의 본생가 선인은 어려서 집안일을 주관하지 못하니 선생이 자기 혼자 집에 있으면서 권태부인(權太夫人, 성호의 생모)을 모시고 봉양하였다. 권태부인이 별세하게 되자 나의 본생가 선인도 이미 장성하였다. 재산을 나누어 분가할 때 선생이 말씀하였다. "조상의 제사가 중대하니 나머지 사람들을 어찌 고려하겠는가." 그러고는 비옥한 농토와 젊고 건강하여 부릴 수 있는 비복(婢僕)을 모두 종가에 넘겨 제사를 받들게 하였다. 자질구레한 키와 비, 솥과 솔 따위 같은 여러 집기들도 낱낱이 돌려주었다. 그 나머지 척박한 농토와 약하고 변변치 못한 비복을 일곱 집이 나누

51) 청운공(靑雲公) : 청운은 이하진(李夏鎭)의 맏아들인 이해(李瀣)의 호. 이해는 시문(詩文)에 능하고 학식도 뛰어났으나 27세로 요절하여 아들이 없자 넷째 아우 침(沈)의 아들 광휴(廣休)로 후사를 삼았다.
52) 화를 당했다 : 앞의 주 10) 참조.

어 가졌다.

여러 형과 누님들은 원래의 가산(家産)이 있어서 풍족하였으나 선생만 생활할 수 있는 다른 재산이 없었다. 집안사람들이 모두 이를 말하여 넉넉하게 더 주려고 하였으나 선생은 사례하면서 거절하고 스스로 가난을 달게 여기니 고을 사람들이 매우 의롭게 여겼다. 외암(畏菴) 이식(李栻)[53]이 일찍이 안산(安山) 광주(廣州) 사이에 갔다가 돌아가서 여러 문생들에게 말했다. "온 고을의 공론을 들으니 아무개(선생의 자(字))의 어진 행실이야 한둘이 아니지만 그 중에 재산을 나눈 한 가지 일은 남이 더욱 미치기 어려운 것이다."

선생은 속유(俗儒)의 겉만 꾸미는 것을 수치로 여겨 외모에 지나치게 구속되는 것을 달가워하지 않았다. 다만 격식에 맞는 바른 차림으로 엄숙하게 하는 것을 위주로 하였다. 건(巾)과 띠는 반드시 단정하게 하였고, 신체는 반드시 바르게 하였다. 걸음은 안정되어 급박하지 않았고, 말의 조리는 분명하고 유창하였으며, 시선을 이리저리 돌리지 않았고, 안색을 단정하고 엄숙히 하였다. 배우는 사람이 와서 뵐 때 처음에는 엄격하여 가까이 할 수 없을 것처럼 보인다. 그러나 앞에 나와 절을 할 적에는 안색과 기운이 온화하고 언소(言笑)가 화락하여 마치 사람이 봄바람이 부는 가운데 앉아있는 것과 같게 하여 심취하지 않는 이가 없었다.

모든 소소한 동작과 행위라도 전혀 방심하거나 소홀히 하지 않았다. 아침과 저녁밥을 먹을 때 어른과 젊은이가 쭉 벌려 앉으면 여종이 차례대로 상을 들어다 앞에 놓았다. 어린이까지 상을 모두 놓은 뒤에야 비로소 수저를 들었는데 끝까지 수저 쓰는 소리가 나지 않았다. 상 위에는 나물과 젓갈 두 그릇뿐이고, 간혹 어육(魚肉)이 있으나 많이 먹지 못할 요량

53) 외암(畏菴) 이식(李栻) : 앞의 주 15) 참조.

이면 애초에 젓가락을 대지 않았다. 이는 먹다가 남기고 더럽혀서 버리게 하지 않으려고 해서이다. 먹기를 다하고 세 번 떠먹을 밥은 물에 말아 숟가락으로 건져 먹어 밥알 하나도 남기지 않았다. 그러면서 "곡식은 사람의 생명을 의탁하는 것이다. 어찌 하늘이 주신 물건을 아끼지 않아 곡식 낟알을 여기저기 흩어지게 하겠는가!"하셨다.

아침마다 세수하여 씻기를 마친 뒤에도 돗자리에 떨어진 물방울이 없어서 제자들이 이를 본받으려 하였으나 되지 않았다.

정랑공[正郞公, 성호의 아들 맹휴(孟休)]이 급제하여 한성 주부(漢城主簿)에 제수되어 서울에 들어가 직무를 수행하게 되었다. 작별을 고하고 물러나오는 날 선생은 이렇게 경계하셨다. "네가 감옥의 일을 맡아 죄인에게 매를 치는 일을 하게 되었구나. 백성이나 아전에게 죄가 있거든 만일 지연시킬 만하면 반드시 하루 밤을 지나 판결해야 한다. 그렇지 않고 노한 기세로 죄인을 다스리면 형벌이 혹 지나치게 된다. 밤을 지난 뒤에 심기가 화평해지거든 더욱 자세히 살피고 신중해야 한다."

정랑공이 일찍이 휴가를 내어 귀성하였을 때 마침 물고기 다섯 마리를 선물한 사람이 있었는데 꽤나 신선하였다. 목부인(睦夫人, 성호의 부인)이 남겨 두었다가 선생의 반찬을 만들려고 하였는데 날씨가 더워 부패하기 쉬웠다. 정랑공에게 부탁해 사람을 관청에 보내 얼음을 구해오게 하였다. 선생이 뒤늦게 듣고는 정랑공을 꾸짖었다. "네가 오래 동안 서울에 가 있더니 부귀한 집안의 사치하는 풍조를 본받으려는 것이냐? 우리들은 빈천하니 물고기가 부패하지만 않으면 바로 먹으면 되지 어찌 신선함을 구한단 말이냐."

평소의 반찬은 젓갈과 나물뿐인데 간혹 물고기나 고기반찬이 있으면 젓갈은 제쳐놓으니 대체로 두 가지를 넘지 않았다. 정랑공이 만경 현감(萬頃縣監)에 부임한 뒤에 관에서 공급하는 음식이 제법 풍성하니 마음이 매우 불안하였다. 그래서 편지로 여쭈었다. "이미 읍장(邑長)이 되었으니 아침저녁의 반찬에 한두 가지 더 추가하는 것은 도리에 크게 어그러지지는 않겠습니까?" 선생의 답서는 이러하였다. "한번 현의 수령이 되자 대번에 이전과 다르게 한단 말인가? 검소에서 사치로 들어가는 것은 쉬우니 평상시의 생활에서 변함이 없어야 한다." 정랑공이 뒤에 돌아와서 말했다. "물고기와 고기로 장만한 두 그릇이라도 좋은 맛은 전에 비해 지나치게 사치스러울 뿐만이 아니었다."

정랑공이 만경현에 부임할 때 목대부인(睦大夫人, 이맹휴의 어머니)을 모시고 갔다. 이는 부인의 본향(本鄕)이 순창(淳昌)에 있고, 순창에서 만경의 거리는 그다지 멀지 않으니, 금의환향 하는 것이어서 선생이 허락하였다. 선생은 홀로 집에 있으면서 아침저녁의 음식은 여종에게 맡기어 평온하게 생활하였다. 정랑공이 고을에서 나는 물품으로 봉양하였으나 선생은 물리치고 받지 않으면서 말씀하였다. "백성에게 거둔 것이 십 분의 팔구분이니 이는 도리에 어긋나는 것이다. 이것으로 부모를 봉양하는 것이 옳겠는가. 나는 내 집에 있으면서 농사지어 거둔 것만으로도 스스로 봉양할 수 있으니 이렇게 번거로운 짓을 하지 말라."

손자 구환(九煥)이 독서를 몹시 좋아하여 언제나 책을 마주하여 쉬지 않고 글 읽는 소리를 내었다. 선생이 나무라면서 말씀하였다. "독서는 스스로 터득하는 것이 무엇보다 소중하다. 오묘한 뜻을 정밀히 연구하지 않고 한갓 떠들썩하게 읽기만하여 귀로 듣고 입으로 말만을 전하는 얕은 학문[口耳之學]을 일삼으면 끝내 진보함이 없다."

나와 둘째 형이 모두 어릴 때 조급한 병이 있어 여종에게 성질을 부려 시킨 일이 뜻대로 되지 않으면 그때마다 꾸짖고 이어서 매질을 하고는 하였다. 선생이 경계하여 말씀하기를 "저 미천한 사람이 어찌 매사를 모두 내 뜻과 같이 하겠느냐. 만일 내 뜻과 같지 않다고 하여 일마다 반드시 다스린다면 사람이 견디지 못할 것이다. 정부자(程夫子)가 훈계한 동심인성(動心忍性)을 하면[54] 자연히 이런 잘못이 없을 것이다. 정(晶)[55]이는 자애로우니 자애로우면 사람을 사랑하고 삼(森)이는 통달하니 통달하면 남을 용서한다."라 하여 각자의 장점을 따라 권면하였다.

내가 젊었을 때 새로운 모양의 묘한 부채를 팔러 다니는 사람이 있어서 끝내 그것을 사서 어루만지며 소중히 여기고 아꼈다. 자리에 있는 사람들이 모두 돌려 보면서 그 정교한 솜씨를 감탄하였다. 선생이 우연히 보시고는 어디서 이걸 얻었느냐고 물었다. 나는 "샀습니다."하고 대답했더니 선생은 기뻐하지 않으면서 한동안 있다가 말씀하였다. "개인의 돈을 축적했다가 진귀한 물건을 사는 것이 어찌 자제로서의 도리이냐." 나는 땀이 등을 적실 지경으로 황공하여 감히 다시는 잡지 않았다.

선생은 늘 여러 제자들을 경계하여 말씀하였다. "집안의 다스림은 은정(恩情)을 위주로 하여야 하나 또한 엄격하지 않으면 안 된다. 남녀의 자리를 바르게 하고 내외의 절도를 엄정하게 한 뒤에 가도(家道)가 이루어

---

54) 정부자(程夫子)……동심인성(動心忍性)을 하면 : 정부자는 송(宋)나라의 이학자(理學者) 정이(程頤)의 존칭. 동심인성은 마음이 놀라서 움직이게 하고 성질을 굳게 참는다는 뜻이다. 원래는 『맹자(孟子)』「고자 상(告子 上)」에서 나왔으나 정이가 제자 장역(張繹, 자는 思叔)이 노복을 심하게 꾸짖자 이 말로 경계하였다. ≪二程外書 12≫ ≪近思錄 5≫

55) 정(晶) : 이광휴(李廣休)의 둘째 아들 이정환(李晶煥). 이광휴는 성호의 아버지 이하진(李夏鎭)의 셋째 아들 침(沈)의 아들로 맏형 해(瀣)에게 출계하였고, 그의 아들 정환은 옥동(玉洞) 서(潊)의 아들 원휴(元休)에게 출계하였다.

진다. 그러므로 '집안사람이 엄혹하니 너무 준엄하나 또한 길(吉)하니 아내와 자식이 즐거워 웃기만하면 끝내 부끄럽게 된다.'"[56)]

또 말씀하였다. "부인의 직분은 음식을 장만하는 데에서 벗어나지 않는다. 그렇기 때문에 '(부인은) 이루는 것이 없다'[57)]하였으니, 부인이면서 이루는 것이 있다면 암탉이 새벽에 울면 가도(家道)가 쓸쓸해지는 데 가깝지 않겠는가."

여러 대를 이어 벼슬하던 집안이 날로 궁핍해져서 가끔 천하고 더러운 행위를 하기도 한다. 선생은 개연히 사람들에게 말씀하였다. "녹봉이 없으면 가난하고 가난하면 굶주리고 굶주리면 마침내 제멋대로 행동하여 나쁜 짓을 하는데 이르게 된다. 그러므로 굶주림을 구제하는 방법은 배고픔을 참는 것보다 나은 것이 없으니 배가 고파도 죽음에 이르지 않으면 곧 괜찮다. 고금의 적절한 도리가 다르나 몸이 이미 선비가 되었으면 천한 일을 직접 하기는 어렵다. 재물을 늘려 삶을 영위하는 것 또한 군자가 당연히 해서는 안 된다. 우리들이 목전(目前)에 힘써야 할 것은 다만 음식을 절제하고 굶주림을 참는 이외에 다른 방도가 없다."

내가 동자 때 어떤 객(客)이 대문에 들어와 오른쪽으로 뜰의 동쪽을 돌아 당(堂)의 앞으로 나오더니 또 서쪽으로 꺾어서 계단을 올라 배알하는 것을 보았다. 객이 가고 나서 우리들은 그 까닭이 꽤나 의심스럽고 괴이쩍었다. 이에 선생이 말씀하였다. "객은 예를 좋아하는 사람이다. 나이가 젊어 감히 손님의 예를 감당하지 못하기 때문에 뜰의 동쪽을 돌아 나아온

---

56) 집안사람이……된다 : 『주역(周易)』 「가인괘(家人卦)」의 구삼(九三) 효사(爻辭)에 "家人嗃嗃 悔厲 吉 婦子嘻嘻 終吝"이라 보인다.

57) (부인은)……없다 : 『주역(周易)』 「가인괘(家人卦)」의 육이(六二) 효사에 보인다.

것이다." 조금 뒤에 또 말씀하였다. "예는 이런 것에 있는 것이 아니다."

어떤 객이 지닌 담뱃대가 지나치게 길었다. 선생이 "어째서 이처럼 쓸데없이 길게 만들었소?"하고 물었다. 객은 "짧으면 옷을 태울까봐 걱정되어서입니다."라고 대답했다. 선생이 "옷을 태우는 것은 그래도 괜찮지만 그대의 행실을 태울까봐 걱정이오."라고 하자 객은 부끄럽고 송구해하였다.

상중(喪中)에 출입하는 사람들이 방갓[喪笠] 안에 짚이나 풀을 꼬아 환질(環絰)[58]처럼 만들고 종이를 발라 머리에 올려놓는다. 근래의 풍속은 그것이 무거운 것을 꺼려서 대를 쪼개어 둘레를 만든 다음 그 가운데를 정(井)자 모양을 만들고 정자 안에 작은 통을 만들어 쓴다. 선생이 언젠가 상복을 입은 조카뻘 되는 사람이 이런 방갓을 쓴 것을 보고 경계하였다. "방갓의 양태를 깊게 한 것은 죄인으로 자처하여 사람들을 보려고 하지 않아서이다. 그런데 지금 얼굴과 양태가 나란하여 눈을 굴려 사방을 보니 이미 거상(居喪)하는 태도가 아니다. 또 짚을 꼬아 만든 것은 수질(首絰)에 견주어 오히려 가벼운데 무엇 때문에 이것을 버리고 저것을 취하는가? 방갓마저도 교묘하게 꾸밀 수가 있단 말이냐."

일찍이 새 안장을 파는 사람이 있었다. 족인이 처음 사려고 하다가 등자(鐙子)를 은으로 장식하지 않은 것 때문에 물렸다. 선생이 훈계하였다. "지난날 오직 종실(宗室)이나 무장이 은 등자를 디뎠고, 선비는 이를 부끄럽게 여겨 몸에 가까이 하지 않았다. 내가 일찍이 사람을 만나야 할 매우 긴요한 일이 있어서 출발하려고 할 때 무장이 타는 말을 빌려 타게 되었다. 말을 타려고 하면서 보니 은 등자가 번쩍이는 것을 보고 물러나 서서 타는 것을 주저하였다. 가는 일을 멈출 수가 없어서 뻔뻔함을 무릅쓰고

58) 환질(環絰) : 상주가 소렴 때부터 성복전까지 머리 위에 삼으로 두르는 둥근 테두리.

타고 갔다. 돌아올 즈음까지도 매우 부끄러워 속으로 '오늘 길바닥에서 서로 아는 사람을 만날까 두렵구나.'라고 하면서 몸을 굽히고 머리를 숙인 채 갔고, 돌아올 때에도 이와 같이 하였다. 지금 안장을 사려고 하다가 은 등자가 아님을 꺼려 물리니 풍속의 변함이 마침내 이 지경에 이르렀단 말인가!"

언젠가 걸객(乞客)이 해어진 의관을 여미고 뜰 가에 서서 구걸하였다. 여종이 쌀 한 대접을 주자 걸객이 "한번 당 위에서 감시를 거쳐야 한다."고 말했다. 선생은 그가 분량이 적음을 불만으로 여긴다는 뜻을 알고 사과하여 "매우 가난하여 넉넉하게 도와주지 못한다."하였다. 걸객은 아무 말 없이 받아서 떠났다. 선생은 마음속으로 괴이하게 여겨 그의 용모와 형상을 살펴보니 어깨와 등이 꼿꼿하고 발걸음이 느리고 점잖아서 엄연히 도덕을 갖춘 기상이 있었다. 급히 학생을 보내 다시 맞이하여 당에 오르게 하고 선생이 그가 거주하는 곳을 물었다. 걸객은 "저는 본래 아무 군(郡) 사람인데 곤궁하고 늙은 데다 의탁할 곳이 없어서 동냥질로 생계를 유지하고 있습니다."하였다. 선생이 "무슨 업을 하느냐?"고 묻자 걸객은 "빌어먹고 사는 사람이 무슨 업이 있겠습니까."하고 대답하였다. 선생이 술을 내오게 하여 권하고 예를 갖추어 보냈다. 걸객이 떠나 멀리 가지 않았을 때 선생이 여러 제자들을 불러 가리키면서 말씀하였다. "저 걸객은 은거하는 군자이다. 그의 구용(九容)[59]을 보면 한 가지도 법도에 맞지 않는 것이 없다. 행실을 근엄하게 단속한 군자가 아니면 이와 같이 되겠는가. 너희들은 반드시 객을 스승으로 삼아 묵묵히 살펴서 본보기로 삼는 것이 좋겠다."

---

59) 구용(九容) : 군자가 수신(修身)하고 처세(處世)하는데 당연히 갖춰야 할 아홉 가지 용모나 태도. 곧 족용중(足容重) · 수용공(手容恭) · 목용단(目容端) · 구용지(口容止) · 성용정(聲容靜) · 두용직(頭容直) · 기용숙(氣容肅) · 입용덕(立容德) · 색용장(色容莊)이다. ≪禮記 玉藻≫

삼환이 어릴 적부터 지우(知遇)를 받은 것이 가장 깊고 기대하는 마음이 정중하였다. 매번 "이 아이는 속뜻이 깊으니 후일 반드시 성취함이 있을 것이다."라고 말씀하였다. 나와 원양(元陽)[60]은 실상 재종형제(再從兄弟)인데 선생이 친형제를 맺도록 명하였다. 또 손부(孫婦)가 나와 서로 절하여 친수숙(親嫂叔)이 되게 하였다.

또 나는 소홀하고 게을러서 나이가 삼 십이 넘도록 살 집이 없었다. 선생은 언덕 하나를 사이에 두고 별장이 있는데 모양과 구역은 작지만 원포(園圃)가 가지런히 정리되고 과수를 심어 줄을 이루고 있었다. 특별히 이곳을 지적해 주시고 말씀하였다. "그래도 집을 지어 살만하고 또 너희 형제 두 사람이 언덕을 넘어 다니며 서로 강학(講學)하기에 가깝고 편리할 것이다." 이어서 경계하는 말씀을 하였다. "배운 뒤에 견식이 있고 견식이 있은 뒤에 인륜에 밝으며 인륜에 밝은 뒤에 사람의 도리를 다하는 것이다. 지금 사람들은 과거에 응시하는 문장에 전념하여 우리 유학(儒學)은 아주 폐기하고 강습히지 않는다. 이와 같은 사람은 문장에 능하고 시부(詩賦)에 뛰어나더라도 말을 하는 앵무새와 무엇이 다르랴!"

또 말씀하였다. "고금의 문적은 한우충동(汗牛充棟)처럼 많은데 사람의 총명은 한정이 있다. 어떻게 하나하나 기억하겠는가. 그 요점이 있는 곳을 알려고 힘쓰는 데 달렸을 뿐이다. 모든 고서(古書) 중의 신심성명(身心性命)의 미묘하고 정밀한 이치와 몸을 단속하고 집을 다스리는 효제(孝悌) 충신(忠信)의 행실과 종족의 대우, 향당(鄕黨)에서의 처신, 사물에의 대응, 교제를 잘하는 성신(誠愼)과 독경(篤敬)의 공부와 벼슬살이하여 직무를 맡고 임금을 섬기며 백성을 다스리는 일 등 세상을 경영하는 일체의 도리가 바로 요점이 있는 곳이다. 글을 읽다가 이런 등속의 문자를 만나면 반드시 마음에 간수하여 묵묵히 알고 마음속에 새겨두어 목숨이 다할

60) 원양(元陽) : 성호의 손자 구환(九煥)의 자(字).

때까지 경계하고 응용해야 한다. 이것이 독서하는 중요한 방법이다. 만일 기억하고 열람하는 것만 힘쓰고 외우고 강설하는 것만 전념하여 박식을 자랑하고 풍부한 지식을 다투기를 구하거나 또는 글의 장과 구를 따서 세속의 글에 호응하는 자료로 삼는 이런 사람은 서치(書癡)에 불과할 따름이다."

선생의 연세가 이미 높아지자 찾아오는 손님과 경사(經史)를 강설할 때 정신이 감소하여 가끔 생각이 일어나지 않았다. 그럴 때면 반드시 여달(如達)을 불러 그 말이 무엇이냐고 물었다. 여달은 원양(元陽)의 어릴 때 이름이다. 원양은 묻는 소리에 응하여 막힘이 없었으나 조금이라도 잊어서 상세히 대답하지 못하는 경우가 있으면 선생은 그때마다 이렇게 말씀하였다. "재주가 없구나. 재주가 없구나! 내 나이 한창 젊어 독서할 때 쓰임에 절실한 내용이 있으면 기억해 두지 않은 것이 없어서 오래 되어도 잊지 않았다. 네 아비도 그랬는데 너 몸에 이르러 곧 이와 같이 용렬하고 노둔하구나." 이렇게 타이른 말씀에 근거하면 선생의 젊은 시절 총명하고 박학함을 상상할 수가 있다.

삼환이 언젠가 나아가 뵈었더니 선생이 "지금 무슨 책을 읽느냐?"고 물으셨다. 나는 "『상서(尙書)』를 읽고 있는데 하찮은 사무(私務)에 얽매여 전일하게 읽지 못하고 있습니다."라고 대답하였다. 선생은 말씀하였다. "몸이 한가하고 일이 없는 때를 기다려 독서하려고 하면 목숨이 다할 때까지 독서할 여가가 없다. 일을 만들어내면 일이 생기고 일을 줄이면 일이 줄어드는 법이니, 제자들아 늘 이를 생각할지어다."

선생이 말씀하였다. "동고(東皐) 이상국(李相國)[61]과 퇴계(退溪) · 남명

61) 동고(東皐) 이상국(李相國) : 조선 명종(明宗) 때의 문신 이준경(李浚慶)을 이르는 말.

(南冥) 두 선생은 서로 도의(道義)로 사귀어 기대하고 바라는 바가 매우 컸다. 동고는 일찍이 '건중[健仲, 남명 조식(曺植)의 자]은 국량이 좁다.'하였는데 이는 애석하게 여긴 것이다. 남명이 상서원 직장(尙瑞院直長)으로 부름을 받아 서울에 왔으나 벼슬살이에 마음이 없어서 버리고 돌아가려 할 때 동고를 한 번 만나 작별하려고 하였다. 그의 집에 갔는데 마침 동고는 안에 들어가 있었다. 한동안 우두커니 서있자 동고가 큰 발막신[套鞋][62]을 끌고 천천히 걸어 나와 서로 만났다. 남명이 돌아가려고 한다고 말하자 동고는 '상서원 직장은 좋은 벼슬이오. 그렇다면 지평(持平)이나 정언(正言)을 하고 싶소?'라고 하였다. 어째서 동고는 남명을 지나치게 경솔히 대했단 말인가.

어떤 이는 '동고는 남명의 국량을 시험하려고 한 것이니, 동고는 자기의 존귀함을 뽐내어 남에게 교만을 부리려는 마음은 기필코 없었다. 그렇다면 이는 틀림없이 이유가 있어서 한 말일 것이다.'라고 한다. 그러나 동고는 자신이 영의정이 되어 씹던 음식을 뱉어내고 감던 머리를 거머쥐며[吐哺捉髮][63] 부지런히 만나더라도 외려 어진이가 몸을 굽히지 않을까 두려운데 하물며 이렇게까지 희롱하여 업신여긴단 말인가.

동고는 그의 호. 본관은 광주(廣州). 시호는 충정(忠正). 부제학(副提學)·판서(判書) 등을 거쳐 전라도 도순찰사(全羅道都巡察使)로 침입한 왜구를 격퇴하였고, 영의정을 역임하였다. 임종 때 앞으로 붕당(朋黨)이 일어날 것이니 타파해야 한다는 유차(遺箚)를 올렸다가 율곡 등의 신진사류에게 규탄을 받았다. 저서에 『동고유고(東皐遺稿)』『조선풍속(朝鮮風俗)』이 있다. ≪朝鮮中宗·明宗·宣祖實錄≫ ≪海東名臣錄≫ ≪黨議通略≫

62) 발막신[套鞋] : 예전에 주로 상류의 노인이 신었던 마른신. 뒤축과 코에 꿰맨 솔기가 없으며, 코끝을 넓적하게 하여 거기에 가죽 조각을 대고 흰 분칠을 하였다. 발막, 분투(分套), 분투혜(分套鞋)라고도 한다.

63) 씹던 음식을……거머쥐며[吐哺捉髮] : 어진 인재를 간절히 구함을 이르는 말. 주(周)나라의 주공(周公)이 밥을 먹을 동안 찾아온 인사들을 씹던 음식을 뱉어내고 바로 만났으며, 머리를 감을 동안 찾아온 인사들을 감던 머리를 거머쥐고 지체하지 않고 만났다는 데서 유래하였다. ≪韓詩外傳 3≫ ≪史記 魯周公世家≫ ≪韓昌黎全集 後廿九日復上書≫

퇴계가 산으로 돌아갈 때 동고는 또 산고양이[山猫]라고 기롱한 말이 있다. 명망과 덕행이 있는 대신의 일언일동은 백관들의 본보기가 되는 것이다. 그런데 농지거리를 잘하는 것으로 일을 삼았으니, 이는 결국 동고의 잘못이지 두 분 선생은 마음에 담아두지 않았을 것이다. 퇴계가 대궐에 나아가 작별인사를 드릴 때 선조(宣祖)가 누가 인재인지 물었다. 퇴계는 '수상(首相, 영의정) 보다 나은 이가 없습니다.'라고 대답하였으니, 선배들이 서로를 깊이 알았다는 것을 여기서 알 수가 있다.

선생이 말씀하였다. "퇴계는 차분하고 침착하여 한 치도 예법에 벗어나지 않았다. 남명은 고고(孤高)하고 범상에서 뛰어나 천 길의 절벽이 서있는 것 같은 모습이 있다. 퇴계는 매번 이점을 부족하게 여겼다. 남명이 음란한 여자의 집을 헐어서 없애버리자 퇴계는 '속세 밖에서 우뚝하고 세상 밖에서 결백하다고 여기려는 것이다. 한 음란한 여자의 부정한 행실이 어찌 나의 심경을 어지럽힐 수 있기에 조급하고 소란스러운 행위가 이 지경까지 이른단 말인가.'라 하였다. 또 일찍이 그 학문을 평가하여 '끝내 노장(老莊)의 도가(道家) 사상이 빌미가 되었다.'하였으니, 이는 어진 이에게 완전하게 잘 하라고 요구하는 뜻이다. 남명은 조금도 혐의하지 않고 끝내 일언반구도 퇴계를 침범하거나 핍박하는 말이 없었다. 이것이 남명의 장점이다. 퇴계의 초상을 듣고는 울면서 '같은 해에 태어나고 같은 도(道)에 살면서 70년 동안 끝내 한 번도 만나지 못했다.'하였다. 이는 죽은 붕우(朋友)를 애도하여 한 말이 아니라 유도(儒道)가 날로 고립됨을 가슴 아파한 것이다."

선생이 말씀하였다. "남명의 문하는 그 말기에 가면 폐단이 없을 수 없다. 정 한강(鄭寒岡)[64]이 매화를 사랑하여 백 그루의 매화를 심고 이름을

64) 정한강(鄭寒岡) : 조선 선조(宣祖) 때의 학자 · 문신 정구(鄭逑). 한강은 그의 호. 본관

'백매원(百梅園)'이라 하였다. 최수우당(崔守愚堂)[65]은 '매화에 무슨 덕(德)이 있기에 이처럼 좋아하는 성벽이 있는가.'하였다. 한강이 사망한 것을 보고는 사람을 데리고 가서 매화 백 그루를 몽땅 베어버렸다. 한강의 매화를 좋아하는 성벽이 반드시 큰 잘못은 아닌데 몽땅 베어버린 것은 지나친 일이 아니겠는가. 그가 화를 당한 근원도 필시 이런 처신에 있었을 것이다."

선생이 말씀하였다. "내 셋째형 옥동공(玉洞公)이 일찍이 '퇴계는 어쩌면 주자(朱子) 이후에 다시 얻은 대현(大賢)이 되지 않겠는가.'하였다. 이는 옥동이 참으로 퇴계를 알아본 말이다.

선생이 말씀하였다. "옥동공은 순수한 한 덩어리 화기로 사람을 대하였다. 그 때문에 집에 찾아온 선비들은 심취하지 않은 이가 없었다. 풍류(風流)가 높고 존귀한 남원공자(南原公子)[66] 같은 이는 더욱 독실하게 존

은 청주(淸州). 시호는 문목(文穆). 조식(曺植)·이황(李滉)의 문인. 교정청(校正廳)의 교정랑(校正郎)으로 『경서훈해(經書訓解)』를 교정하였다. 여러 벼슬을 거쳐 대사헌(大司憲)으로 임해군(臨海君)의 옥사가 일어나자 연루자들을 모두 석방하라는 상소를 올린 뒤 귀향하였고, 계축옥사(癸丑獄事)에 영창대군(永昌大君)을 구하려고 상소를 올렸다. 경학·의학·병법에 두루 통하였고, 예학(禮學)에 밝았으며, 향리에 백매원(百梅園)을 세워 후진을 교육하였다. 저서에 『한강집(寒岡集)』이 있고, 편저에 『성현풍(聖賢風)』·『태극문변(太極問辨)』·『와룡지(臥龍誌)』·『역대기년(歷代紀年)』·『관의(冠儀)』·『혼의(婚儀)』·『장의(葬儀)』·『계의(禊儀)』·『갱장록(羹墻錄)』 등이 있다. ≪朝鮮宣祖實錄≫ ≪光海君日記≫ ≪海東名臣錄≫ ≪象村集≫

65) 최수우당(崔守愚堂) : 조선 선조(宣祖) 때의 학자 최영경(崔永慶). 수우당은 그의 호. 본관은 화순(和順) 조식(曺植)의 문인. 교정청 낭관(校正廳郎官)으로 『경서훈해(經書訓解)』를 교정하였다. 실천을 위주로 하는 성리학자로 기절(氣節)을 숭상하였다. 정여립(鄭汝立) 모반 사건의 배후 인물로 무고를 받아 옥사하였으나 뒤에 신원(伸寃)되어 대사헌(大司憲)에 추증되었다. 저서에 『수우당집(守愚堂集)』이 있다. ≪朝鮮宣祖實錄≫ ≪經筵日記≫ ≪東儒士友錄≫

66) 남원공자(南原公子) : 조선 왕실의 종친 이설(李禼)의 칭호. 남원군(南原君)에 봉해졌기 때문에 이른다.

모하여 마치 공자의 70제자가 공자에게 심복한 것과 같았다.

공이 일찍이 명례방(明禮坊, 명동의 옛 이름)의 집에서 거주하였는데 공자가 뵈러오면 반드시 바깥문 밖에서 말에서 내려 들어왔다. 뒤에 공이 집을 옮겨 포천(抱川)의 옥금산(玉琴山) 골짜기에 들어가 살았다. 명례방의 집은 이미 주인이 바뀌었으나 공자는 그 집 앞을 지날 때마다 말에서 내리면서 '이 곳은 대현의 옛집이다. 감히 공경하지 않겠는가.'하였다.

언젠가 옥금동에 가서 공을 뵈었는데 멀리서 마을 어귀를 바라보고는 즉시 말에서 내려 걸어가며 공경하는 예를 게을리 하지 않았다. 저 전국시대의 사군(四君)[67]은 재물을 축적하여 선비를 기른 것에 지나지 않는다. 이름만 높이려고 한 것일 뿐이니, 어찌 이 사람처럼 정성과 독실한 마음으로 어질고 덕이 있는 이를 존모했겠는가. 아, 역시 어질도다."

또 말씀하였다. "옥동공이 일찍이 금강산 만폭동의 돌 위에서 벼락을 맞아 죽은 오동나무를 얻어서 거문고를 만들었는데 소리가 맑고 깨끗하였다. 소나무 사이로 달빛이 비칠 때마다 거문고를 타며 가락을 울리면 그 소리가 사방 이웃에까지 들리었다. 공이 돌아가신 뒤에 공자가 와서 거문고를 빌려달라고 요청하여 집안사람이 내주었다. 공자는 말 위에서 거문고를 가로로 안은 채 돌아가면서 '이것은 천하의 뛰어난 보물인데 어떻게 천한 종의 손에 넘길 수 있겠는가.'하였다. 옥동공이 손수 쓴 옥동(玉洞) 두 글자를 구하여 거문고의 배 부분에 새겼다. 또 공이 지은 금명(琴銘)을 취하여 공의 문인 도사(都事) 윤덕희(尹德熙)에게 그 아래에 써달라 부탁하여 새기고 모든 글자를 금물로 칠하였다. 때때로 궁성(宮聲)과 우성(羽聲)으로 연주하며 스스로 유쾌해 하였다. 병이 깊어 죽게 되었

67) 사군(四君) : 춘추 전국시대 호걸로 유명한 네 사람의 공자(公子). 곧 제(齊)나라의 맹상군(孟嘗君), 조(趙)나라의 평원군(平原君), 초(楚)나라의 춘신군(春申君), 위(魏)나라의 신릉군(信陵君)을 이른다.

을 때 탄식하며 '옥동의 거문고 곡조가 끊기게 되었구나.'하고는 마침내 거문고를 본가로 돌려보냈다. 이와 같은 신의는 고인에게 찾아보아도 많이 얻기 어려울 것이다."

내가 일찍이 모시고 앉아 있었는데 걸출한 사나이가 문으로 들어오며 "나는 남원군(南原君)이오."하고 소리쳤다. 그러고는 마침내 앞으로 나아와 선생을 배알하였는데, 풍채가 좋고 당당하였으며 언론이 강개하였다. 말을 주고받는 즈음에 그가 말하기를 "내가 일찍이 연경(燕京)에 사신 가서 두 글자를 알았습니다."하였다. 선생이 "무슨 글자요?"하고 물었다. 그는 "큰 요동벌판을 지난 뒤에 들 야(野)자를 알았고, 의무려산(醫巫廬山)[68]을 본 뒤에 메 산(山)자를 알았습니다. 우리 동방에 어찌 일찍이 높은 산과 큰 벌판이 있었습니까."라고 대답하였다. 또 "연경의 웅장한 성가퀴를 보니 성 위를 말 다섯 마리가 대열을 지어 다닐 만하였습니다. 한 명의 병졸을 배치해 두지 않아도 임의로 막아 지킬 수 있어서 우리나라 사람은 기어서 넘더라도 끝내 한두 계단도 잡고 오를 수 없습니다."하였다. 이윽고 하직하고 떠나자, 선생은 말없이 바라보며 전송하고 말씀하였다. "우리나라 같이 동떨어진 나라에도 이렇게 뛰어난 사람이 있는가."

선생이 말씀하였다. "군자는 드러난 문채와 바탕의 질박함이 알맞게 합하고 난 뒤에 이것이 쌓여서 문장(文章)을 이루게 된다. 만일 바탕의 질박함은 넉넉하지만 드러난 문채가 부족하면 끝내 촌스러운 데로 귀결되고 만다. 옥동공이 문인들을 오로지 경전(經傳)의 해설만을 힘을 다해 가르치고, 제자백가의 말은 모두 마음에 둔 적이 없었다. 그 때문에 하늘의

---

68) 의무려산(醫巫廬山) : 요령성(遼寧省) 북진시(北鎭市)에 있는 산. 해발 866.6m. 옛 이름은 미려(微閭), 무려산(無慮山)이었고, 지금은 여산(閭山)으로 부른다. 중국 12대 명산의 하나로, 단군이 도읍했던 백악(白岳) 아사달이 이곳이라고 한다.

이치와 사람의 떳떳한 도리에 있어서는 자세히 강론하였지만 끝내 문장을 이룬 사람은 없다. 독실한 군자 윤성중(尹聖仲, 自註 : 옥동의 문인 윤명산(尹鳴山) 규일(揆一)의 자(字)) 같은 이도 크게 이루지는 못하였다."

종숙(從叔) 정랑공(正郎公, 성호의 아들 맹휴(孟休))이 알성시(謁聖試)에 응시하려다가 비가 내려 중지하였다. 선생이 이를 듣고 매우 기뻐하면서 "옛날 홍남파(洪南坡)[69] 선생이 회시(會試)에 응시하러 가려다가 비를 만나자 과거 시험장에 들어가지 않고 말하였다. '과거가 무슨 큰일이라고 부모께서 남겨주신 몸을 아끼지 않고 젖는 대로 내맡겨서 상하게 하겠는가.'하였으니, 이는 참으로 미치기 어려운 일이다. 지금 내 아들이 이와 같이하였으니 나는 근심이 없다."

또 말씀하였다. "남파공은 말은 준칙에 들어맞고 행위는 순결에 들어맞아[70] 한 가지 일도 구차하지 않았다. 이 치정(李致政)[71] 등 여러 사람들

---

69) 홍남파(洪南坡) : 조선 숙종(肅宗) 때의 문신 본관은 남양(南陽). 자는 군징(君徵), 호는 남파(南坡). 시호는 문간(文簡). 별시문과에 병과로 급제하였다. 수찬으로 재직 중 강빈(姜嬪 : 昭顯世子 嬪) 옥사(獄事)의 허위성을 직언하다 장살(杖殺) 당한 황해도 관찰사 김홍욱(金弘郁)의 신원(伸寃)을 주장하다 파직되었다. 뒤에 대사헌 · 이조판서 · 대사성 · 우참찬 등을 역임하고, 경신대출척 때 명천(明川)으로 유배되었다가 문천(文川)으로 이배(移配)되어 배소에서 죽었다. 저서에 『남파집(南坡集)』이 있다. ≪朝鮮孝宗 · 顯宗 · 肅宗實錄≫ ≪星湖僿說≫

70) 말은 윤리에 맞고 행위는 순결에 맞아[言中倫 行中淸] : 『논어(論語)』 「미자(微子)」에서 공자(孔子)가 앞 시대의 현인들을 평가한 말. 말은 윤리에 맞고[言中倫]는 유하혜(柳下惠)와 소련(少連)에 대하여, 행위는 순결에 맞아[行中淸]은 우중(虞仲)과 이일(夷逸)에 대하여 한 말이다. 다만 '行中淸'이 『논어』에는 '身中淸'으로 되어 있다. 또 『사기(史記)』 「공자세가(孔子世家)」에는 '行中淸'으로 되어 있다.

71) 이 치정(李致政) : 조선 영조(英祖) 때의 문신 이최중(李最中)을 이르는 말. 본관은 전주(全州). 자는 인부(仁夫), 호는 위암(韋菴). 시호는 문정(文貞). 사마시(司馬試) 합격하고, 별시문과에 을과로 급제하였다. 대사간 · 부제학(副提學) 등을 거쳐 예조참판 때 『문헌비고(文獻備考)』 편집당상(編輯堂上)이 되었다. 이조 판서로 갑산(甲山)에 유배되었다가 우참찬(右參贊)이 되어 치사(致仕)하고 봉조하(奉朝賀)가 되었다. 뒤에 이유백(李有白) 사건으로 추자도(楸子島)에 귀양 가서 죽었다. 저서에 『환

과 함께 과거시험을 연습했는데, 그 때 증광시(增廣試)의 날짜가 이미 가까웠다. 어떤 사람이 밖에서 와서 '듣자니 아무개가 주시(主試)를 담당하여 먼저 책문(策問)의 제목을 써서 은밀히 간수하고 남에게 보여주지 않는다 하였다. 나는 그 집안사람에게 부탁하여 제목을 알아내었다.'하고 가르쳐주었다. 여러 사람들은 모두 기뻐하며 그 문제에 대한 답을 기초하였으나 남파만은 하지 않고 손을 여민 채 단정히 앉아 있었다. 여러 사람들이 어찌 답을 짓지 않느냐고 물으니, 남파는 '선비 된 몸으로 어찌 시험 제목에 미리 답을 지을 수가 있겠소.'라고 대답하였다. 급기야 시험장에 들어가니 정말 그 제목이 나왔다. 다른 사람들은 모두 기쁘게 답을 써서 바쳤으나 남파는 또 답을 지으려 하지 않았다. 여러 사람들이 '그대는 미리 지어 놓지 않았는데 또 무슨 혐의할 일이 있는가?'라고 물었다. 난파는 '내 이미 먼저 이 제목을 들었기 때문이다.'라고 대답하였다. 공의 먹은 마음이 이와 같았으니 한 마디 말과 한 가지 행동을 어찌 터럭만큼이라도 속이고 거짓됨을 용납하겠는가."

선생이 말씀하였다. "중형(仲兄) 섬계공(剡溪公)은 고상한 뜻이 고매하여 몸은 선비로 있었으나 한결같은 마음으로 나라를 걱정하고 사랑하여 창졸간에도 반드시 안색과 말씀에 드러났다. 일찍이 여러 조카들과 밤에 술을 마시면서 연구(聯句)로 시를 지은 일이 있었는데 나도 그 말석에 있었다. 여러 시들은 모두 바람과 달을 대상으로 하거나 즐겁게 잔치하며 술 마시고 시를 짓는 내용이었다. 그런데 공의 시에 '구렁을 메운 우리 백성의 시체 못내 슬픈데[塡壑堪悲吾百姓], 음식을 삼키며 옛사람 세 번 탄식[72]을 어이 잊으랴[下咽寧忘古三嘆].'라는 구절이 있어서 좌중 사람들이

범옹만록(換凡翁漫錄)』·『위암집(韋菴集)』이 있다. ≪朝鮮英祖·正租·純祖實錄≫

72) 세 번 탄식 : 춘추시대 진(晉)나라의 경(卿) 위서(魏舒, 魏獻子)에게 속한 대부(大夫) 여몰(閻沒)과 여곤(女寬)이 밥을 먹을 동안 세 차례 탄식한 일. 식사가 끝난 뒤에 위서가 탄식한 까닭을 묻자 두 사람이 대답하기를 "어제 밤에 어떤 이가 술을 주기에

모두 풀이 죽어 잠잠해졌다. 저 용렬한 속인들은 어찌 일찍이 이런 시구(詩句)의 말을 한 적이 있는가."

선생이 말씀하였다. "백씨(伯氏) 청운공(青雲公, 李瀣)은 타고난 재주가 출중하여 어릴 적부터 말을 하면 반드시 사람을 놀라게 하였다. 이를테면 '때때로 어떤 사람 장송 아래에 와서[有時客到長松下], 널린 돌 시냇물 사이에 온종일 있네[盡日溪流亂石間]'라는 한 연(聯)은 거의 신묘한 경지에 들어 한 시대 사람들에게 회자 되었다. 다만 수명이 겨우 27세여서 미처 그 재주를 이루지 못하였다. 그 때문에 지은 시문의 편편마다 그 안에 결점이 있으니 애석하다. 공은 기억력이 뛰어나 기세가 웅혼한 길고 큰 시문이라도 한 번만 읽으면 바로 기억하였다. 내 선친은 그렇지 못하여 혹 네다섯 번 읽어야 비로소 외웠다. 그러나 한 번 외운 뒤에는 한 글자도 틀리지 않았으며 아무리 오래 되어도 끝까지 잊지 않으셨다. 공은 기억하여 외우기는 잘하지만 어조사 '어(於)'자 같은 글자에 매번 잘못되고 어지러워 두세 번 거듭 되풀이 하면서 끝내 정밀하지 못하였다. 이것이 수명이 짧은 징조였던가?"

선생이 말씀하였다. "두보(杜甫)의 '늙은 이 첫새벽에 흰 머리를 빗고 있는데[老夫清晨梳白頭], 현도[73]의 도사가 찾아왔네[玄都道士來相訪].'[74]라는 시를 구양영숙(歐陽永叔)[75]은 아무 의미가 없다고 하면서 심지어

저녁밥을 먹지 않아 처음 밥이 나왔을 때는 배가 고파서 밥이 부족할까 걱정되어 탄식하였고, 중간에 반이 나왔을 때는 장군이 밥을 먹여주면서 어찌 부족함이 있을까 생각하여 재차 탄식하였으며, 마지막에 다 나왔을 때는 우리 소인들의 배가 부른 것으로 군자의 만족한 마음을 알았기에 세 번째 탄식한 것입니다."하였다. ≪左傳 昭公28年≫

73) 현도(玄都) : 신선이 산다는 전설속의 도시. ≪海內十洲記 玄洲≫ ≪枕中書≫
74) 늙은 이……찾아왔네 : 두시(杜詩) 중 「제이존사송수장자가(題李尊師松樹障子歌)」의 첫 연(聯)이다.
75) 구양영숙(歐陽永叔) : 당송팔대가의 한 사람인 구양수(歐陽脩). 영숙은 자(字)이다.

'퇴지(退之)에게 짓게 하여도 틀림없이 이와 같이 짓지는 않을 것이다.'[76] 라고까지 하였다. 후세 사람이 퇴지의 '예전 사문관(四門關)에 있을 때[昔在四門館], 새벽에 찾아온 중이 있었다네[晨有僧來謁].'[77]라는 시를 가지고 두보 시와 같은 투의 말이라 하여 영숙의 망언(妄言)을 비난하였다. 그러나 이는 오히려 표면적인 말일 뿐 참다운 경지에는 나아가지 못한 것이다. 노인의 머리가 많이 빠지면 가려워서 긁는 일이 도리어 젊을 때보다 심하여 밤새워 손톱으로 긁어도 끝내 시원하지 않다. 첫새벽에 일어나 머리를 빗을 때 참빗[密梳]으로 빗으면 비듬 가루가 어지럽게 떨어지면서 문득 머리는 가볍고 눈은 상쾌하여 아주 맑고 시원해진다. 영숙은 일찍이 이런 경지에 도달하지 못한 것인가. 또 영숙이 '내가 지은 「명비인(明妃引)」[78]을 두보는 짓지 못하나 이백(李白)은 짓고, 「무산고(巫山高)」[79]를 이백은 짓지 못하고 나만이 짓는다.'하였다. 어찌하여 문장 거유(文章鉅儒)요 진실 군자인 영숙이 도리어 경박한 시인을 본받아 함부로 스스로 사실과 다른 과장하는 말을 하는 것인가. 지금 살펴보니(「명비인」·「무산고」) 두 편의 시는 그다지 좋은 시가 아니다. 영숙이 시도(詩道)에 깊이 나아가지 못했기 때문에 입에서 나오는 대로 말하여 그 말이 망령됨을 알지 못하니 애석한 일이다."

---

76) 퇴지(退之)……않을 것이다 : 퇴지는 당송팔대가의 첫째로 꼽히는 한유(韓愈)의 자(字). 한유는 문(文)에는 능하였으나 시(詩)는 능하지 못하다고 평가 받는다. 예컨대 「기노동(寄盧仝)」이란 시에서 "낙성 안의 옥천 선생은[玉川先生洛城裏], 두어 간 허물어진 집뿐일세[破屋數間而已矣]."라 하여 마치 산문처럼 쓴 경우도 있다 한다.

77) 예전……있었다네 : 「송문창사북유(送文暢師北遊)」라는 시의 첫 련(聯)의 두 구절이다.

78) 명비인(明妃引) : 구양수(歐陽脩)가 지은 「명비곡화왕개보작(明妃曲和王介甫作)」을 이른다. ≪文忠集 居士集 8≫

79) 무산고(巫山高) : 구양수(歐陽脩) 악부시(樂府詩)의 「장상사(長相思)」 4편 중 둘째 편에 "무산고무산저(巫山高巫山低)"라는 구절이 있어서 편의를 따라 편명으로 부른 것이다. ≪文忠集 131 近體樂府≫

선생이 말씀하였다. "개보(介甫)[80]가 일찍이 시를 지어 '황혼 무렵 비바람이 정원의 숲을 때리니[黃昏風雨打園林], 시든 국화 흩날려 황금색 땅에 가득하여라[殘菊飄零滿地金].'[81]하였다. 그러자 영숙이 시를 지어 비난하여 '가을꽃은 봄꽃 떨어진 것과 비교하지 못하니[秋花不比春花落], 시인에 의지하여 자세히 봐야하네[憑仗詩人仔細看].'[82]라 하였다. 개보는 이를 듣고 웃으면서 '구구(歐九)[83]가 독서하지 않은 잘못으로 한 말이다. 「이소(離騷)」에 '저녁에는 가을 국화의 떨어진 꽃잎을 먹는다[夕餐秋菊之落英].」' 라고 했으니, 이는 또 영숙의 실언(失言)이다.'하였다. 옛 시 가운데 불행에 빠져 의욕을 잃은 것을 통틀어 (안주하지 못하고 떠돌아다닌다는 뜻으로) 표박(飄泊)·표령(飄零)이라 한다. 이를테면 두시(杜詩)의 '떠돌아다니다 술 한 잔 마시네[飄零酒一杯].'와 같은 유에서 증명할 수 있다. 노란 국화가 비바람에 나부끼어 땅에 떨어진 것만은 표령이라 말할 수 없는 것인가. 시도(詩道)는 더욱 글의 뜻에 얽매여 원의(原意)를 잘못 해석해서는 안 된다."

선생이 말씀하였다. "이백의 시는 감정을 기탁한 것이 심원하거나 글자를 쓴 것이 청신함을 막론하고 그 성조(聲調)가 굳세고 힘차며 웅대하고 씩씩하여 다 힘이 있다. 이를테면 '연산에 내리는 눈송이 자리처럼 큰데[燕山雪花大如席], 송이송이 흩날려 헌원대에 떨어진다[片片吹落軒轅臺].'[84]와

80) 개보(介甫) : 북송(北宋)의 정치가이자 당송팔대가의 한 사람인 왕안석(王安石). 개보는 그의 자(字)이다.
81) 황혼무렵……가득하여라 : 왕안석(王安石)의 「잔국(殘菊)」시의 첫 연(聯)에 있는 구절이다.
82) 가을꽃……봐야하네 : 송(宋)나라 채조(蔡絛)가 편찬한 『서청시화(西淸詩話)』에 이 일화가 실려있다. 다만, '憑仗詩人仔細看'이 '자세히 들여다보라고 시인에게 알리노라[爲報詩人仔細看]'라고 되어있다.
83) 구구(歐九) : 구양수(歐陽脩)를 이르는 말. 구양수가 4촌까지의 형제 중에 아홉째이기 때문에 이른다.
84) 연산(燕山)에……떨어진다 : 이 시는 이백의 「북풍행(北風行)」에 나오는 구절이다.

'돌다리 푸른 하늘에 가로 비꼈는데[石梁橫靑天], 조심조심 반달을 밟았어라[側足履半月].'[85] 등의 시어(詩語)를 읽으면 사람의 가슴을 시원하게 해준다."

선생이 말씀하였다. "선인이 연경(燕京)에 사신 가셨을 때 길가 석벽에 '모르겠네 창해는 어느 때 변했는가[不知滄海何時變], 웃으며 쌓인 구름에 기대어 하늘에 묻노라[笑倚層雲問太淸].'라는 시가 있고, 그 아래에 '회남(淮南) 오광의(吳光義).'[86]라 하였다. 선인은 비풍 하천(匪風下泉)의 마음[87]을 표현한 것이라 여기고 말을 멈추고 탄식하며 시를 지어 찬미하셨다.

내가 일찍이 풍기(馮錡)가 지은 『경제유편(經濟類編)』[88]을 보니 '문인

연산은 하북성(河北省) 천진시(天津市) 계현(薊縣) 동남쪽에서 동쪽으로 바닷가까지 뻗은 연산산맥. 하북평원의 북쪽에 광범위하게 걸쳐 있기 때문에 주로 옛 연(燕)나라 지역을 이른다.

헌원대(軒轅臺)는 전설로 내려오는 토대(土臺) 이름으로, 지금의 하북성 회래현(懷來縣)의 교산(喬山) 위에 있다 한다. ≪李太白集注 3 北風行≫

85) 돌다리……밟았어라 : 이백의 「송왕옥산인위만환왕옥(送王屋山人魏萬還王屋)」시 보인다.

86) 오광의(吳光義) : 명(明)나라 무위주(無爲州) 사람. 자는 행가(行可), 호는 각암(覺庵). 만력(萬曆) 연간의 진사(進士). 풍기(馮琦)의 문인. 인화 현령(仁和縣令)·공부 주사(工部主事)를 거쳐 병부 직방사(兵部職方司)로 산해관(山海關)을 관할하면서 유망자(流亡者) 3만 명을 생환하게 하였다. 뒤에 하남 순무(河南巡撫)에 승진하여 치적이 있었고, 병부 우시랑(兵部右侍郎)을 역임하였다. 명나라가 망하고 청(淸)나라에서 호부 우시랑(戶部右侍郎)으로 불렀으나 사직하고 고향으로 돌아갔다. ≪仁和縣志·職官志≫ ≪仁和縣志·職官志≫ ≪崇禎長編 7≫ ≪明季南略 2≫

87) 비풍 하천(匪風下泉)의 생각 : 왕실의 쇠미(衰微)를 근심하고 탄식하는 마음. 『시경(詩經)』「조풍 비풍(曹風 匪風)」과 「하천(下泉)」에서 주 왕실(周王室)의 쇠미와 작은 나라가 큰 나라의 횡포로 곤폐(困弊)함을 개탄하여 읊었으므로 후인들이 이 두 장을 합하여 나라의 쇠미함을 탄식하는 전거로 쓴다.

88) 풍기(馮錡)가 지은 『경제유편(經濟類編)』: 풍기의 기(錡)는 기(琦)의 오자. 풍기는 (明)나라 산동(山東) 임구(臨朐) 사람. 자는 용온(用韞), 호는 탁암(琢菴). 시호는 문민(文敏). 벼슬은 예부 상서(禮部尙書). 전고(典故)에 밝았고, 불교의 폐단을 극력 논박하였다. ≪明史 馮琦傳≫ ≪明名臣言行錄 74≫ ≪明詩綜 58≫

『경제유편』은 풍기가 크게 네 부문으로 편찬한 원고를 그의 동생 원(瑗)과 문인 주

회남 오광의교(門人淮南吳光義校)'라 하였다. 풍기는 학식과 덕망이 높은 선비이기 때문에 그의 문인도 그와 같은 고사(高士)라고 생각하였다. 뒤에 우연히 다른 책을 읽었더니 광의는 곧 유적(流賊) 중의 뛰어난 자로 틈적(闖賊)[89]의 계획을 돕는 주동자가 되었으니, 이 시의 뜻은 명(明)나라가 속히 망하기를 바란 것이다. 나는 또 머리칼이 곧추서며 매우 분하여 전일의 그 의미를 잘못 이해했던 일을 뉘우쳤다. 사람의 선량하지 못함이 어찌 이 지경에 이른단 말인가.

앞사람의 시를 읽을 적에 지은 이의 주의(主意)를 틀림없이 이해할 수가 없고 따라서 그릇됨과 올바름이 혼란하게 되니 탄식을 이길 수 있겠는가. 어찌 삼백편(三百篇)[90]의 해석도 이런 일이 없다고 인정하겠는가. 시를 해석하는 일이 어찌 어렵지 않은가!"

선생이 말씀하였다. "시대가 내려오면서 풍속이 퇴폐하고 학문의 도가 폐기되어 간혹 수칙(修飭)하는 선비가 있으나 번번이 성(誠)[91]하지 않음을 근심한다. 성하지 않으면 사물이 없는 것이니[不誠無物][92] 무슨 일을 하겠는가. 만일 충신(忠信)으로 마음을 지키면 성을 기필하지 않아도 저절로 성이 된다. 부자(夫子, 孔子)의 도는 오로지 충신을 위주로 하니 『중

가동(周家棟)·오광의(吳光儀) 등이 재편집하여 펴낸 사학(史學)에 관계된 유서(類書)이다. 모두 100권. 그 유목(類目)은 제왕(帝王)·정치(政治)·저궁(儲宮)·궁액(宮掖)……도술(道述)·물(物)·잡언(雜言)의 23류이다. ≪四庫提要 子 類書類≫

89) 틈적(闖賊) : 명(明)나라 말엽의 농민 반군의 수령 고영상(高迎祥)·이자성(李自成)을 일컫는 호칭. 고영상이 굶주린 농민들을 이끌고 반란을 일으켰을 때 스스로 틈왕(闖王)이라 일컬었기 때문에 이르는 호칭으로, 그가 잡혀 죽은 후 그의 부하들이 이자성을 추대하여 틈왕이라 하였다. ≪明史 流賊傳 李自成≫

90) 삼백편(三百篇) : 『시경(詩經)』을 대신 이르는 말. 『시경(詩經)』은 본래 삼천여 편이었으나 공자가 산정하여 311편만을 남겨놓았다고 한다. 311편 안에 6편은 제목만 있고 시는 없어서 실제는 305편이 되는데 완전한 수를 들어 300편이라 한다.

91) 성(誠) : 『중용장구(中庸章句)』 20장에서 주자(朱子)는 "성은 진실무망함을 이르니 천리의 본디 그러한 것이다[誠者 眞實無妄之謂 天理之本然也]."라 하였다.

92) 성하지……것이니[不誠無物] : 『중용장구(中庸章句)』 25장에 보인다.

용(中庸)』과 『대학(大學)』의 종지(宗旨)가 전부 성에 있으니, 성현이 어찌 나를 속이겠는가."

선생이 말씀하였다. "왕문중(王文中)[93]의 학문은 매우 순정(純正)하지 않아 번번이 자신을 성인에게 견주어 비교하였으니 이는 그의 참람하고 망녕된 죄이다. 그러나 늙어 죽을 때까지 글을 읽어 이치를 본 것이 매우 많았다. 그래서 간간이 준칙이 될 만한 말이 많으니, 그의 견식이 일반 사람보다 한 등급 높았다. 그는 일찍이 '비방하는 말을 듣고 노함은 참소를 유인하는 것이고, 칭찬을 듣고 기뻐함은 아첨을 매개하는 것이다[聞謗而怒者 讒之囮也 見譽而喜者 佞之媒也].'[94]하였다. 어떤 이가 비방을 그치게 하는 방법을 묻자 '변명함이 없는 것이다[無辯].'[95]하였다. 이런 말은 모두 꼭 들어맞는 말로서 참으로 처세의 요결(要訣)이다. 방현령(房玄齡)·두여회(杜如晦)[96] 같은 여러 어진 이가 모두 그의 문하에서 배출되어 당 태종(唐太宗)을 보좌해 결국 정관(貞觀)의 치세[97]를 이루었으니 그

93) 왕문중(王文中) : 수(隋)나라 왕통(王通)을 이른 말. 문인들이 문중자(文中子)라는 사시(私諡)를 올렸기 때문에 이른다. 시·서·역·예를 널리 연구하고 왕좌(王佐)의 도에 밝았다. 하분(河汾)에서 강학하여 많은 문도를 가르쳤는데 방현령(房玄齡)·위징(魏徵) 등도 그에게 배웠다. 저서에 『문중자(文中子)』·『원경(元經)』 등이 있다. ≪舊唐書 王勃傳≫ ≪新唐書 禮樂志 4≫

94) 비방하는……것이다 : 왕통(王通)의 『중설 위상(中說 魏相)』에 보인다.

95) 변명함이 없는 것이다 : 소인(小人)들과 시비를 따져 밝히려 하지 말라는 뜻으로, 『중설 문역편(中說 問易篇)』에 보인다.

96) 방현령(房玄齡)·두여회(杜如晦) : 당(唐)나라 초기의 두 명신(名臣). 방현령은 임치(臨淄) 사람으로 자는 교(喬), 시호는 문소(文昭). 태종(太宗)을 도와 개국(開國)에 큰 공을 세우고 양국공(梁國公)에 봉해졌다. 두여회(杜如晦)와 함께 15년간 재상으로 있으면서 국가의 기초를 다져 방모두단(房謀杜斷)이라는 평을 들었다. 『진서(晉書)』 130권을 편찬하고, 『관자(管子)』를 주석하였다. ≪舊唐書 房玄齡列傳≫ ≪新唐書 房玄齡列傳≫

두여회는 두릉(杜陵) 사람으로 자는 극명(克明), 시호는 성(成). 방현령과 함께 당나라 개국에 공을 세우고 내국공(萊國公)에 봉해졌다. 벼슬은 상서 우복야(尙書右僕射)로 결단력이 뛰어나 당시 사람들이 방두(房杜)라고 병칭하였다. ≪舊唐書 杜如晦列傳≫ ≪新唐書 杜如晦列傳≫

공이 어찌 적은가. 후세의 장구(章句)의 분석에만 매달리는 고루한 유생들이 대체로 사학(邪學)이라 하여 모든 것을 배척하는 것은 지나치다."

선생이 이렇게 탄식하였다. "사람이 금수와 다른 까닭은 오륜(五倫)이 있기 때문이다. 오륜이 밝지 못하면 금수와 무엇으로 구별하겠는가. 살펴보니 지금 세상에 군신 · 부자 · 부부간의 도리는 완전히 폐기되었다고 할 수 없으나 장유 · 붕우간의 두 가지 도리는 전혀 강습하여 밝히지 않는다. 이를 마치 쓸데없는 물건과 똑같이 보기 때문에 나이 어린 사람이 나이 많은 노인을 함부로 업신여기는 사람이 흔히 있으며, 붕우이면서 속이고 해치는 사람이 흔히 있다. 이런 행위를 하는 사람만 조금도 꺼리지 않을 뿐 아니라 이런 행위를 보는 사람도 괴이하게 여기지 않으니 말세의 풍습이 한결같이 이 지경에 이르렀단 말인가.

오직 영남 한 지역은 선현(先賢)을 배출한 고을이라서 그 전해오는 풍속과 남아있는 교훈이 아직 없어지지 않았다. 만일 노인이라면 평소에 서로 알지 못하는 사이라도 반드시 단정하고 엄숙한 태도로 절하여 뵙고 공손히 제자의 직분을 행한다. 붕우 사이에 환난을 당하거나 곤궁하고 괴로운 사람이 있으면 멀고 가까움을 따지지 않고 마음과 힘을 함께 다하여 기필코 구제하고 벗어나게 한 뒤에 그만 둔다. 선비의 기풍이 다른 고을에 비교하면 견줄 곳이 적으니, 이곳은 오륜이 구비된 고을이라고 말할 만하다. 아, 영남 지방이 아니면 내 어디로 돌아갈까?"

선생이 말씀하였다. "성무(聖廡, 공자를 모신 문묘)에 배향하는 일이 얼마나 중요한 전례(典禮)인데 전조(前朝) 오현(五賢)[98]의 배향은 대부분

97) 정관(貞觀)의 치세 : 당 태종(唐太宗)의 훌륭한 정치를 이르는 말. 태종이 방현령(房玄齡) 등의 명신을 등용하여 율령 체제를 정비하고, 군정을 정비하며, 학예를 장려하는 정사에 힘쓰고 선정을 베풀어 국세를 크게 떨쳤다. 정관은 태종의 연호이기 때문에 이른다.

이해할 수가 없다. 안 문성공(安文成公, 安裕) 같은 분은 우리 유학(儒學)을 도와 후학에게 은혜를 베풀었다. 또 반궁(泮宮, 성균관과 문묘) 창설이 모두 그의 손에서 나와 공자의 문하에 이와 같은 위대한 공이 있으니 의론할 필요가 없다. 그 나머지 여러 사람은 도학(道學)으로 세상에 이름이 났다는 말을 듣지 못했다.

심지어 최치원(崔致遠)은 부처에게 아첨하는 글을 지어 성학(聖學)을 위배하였다. 저 사람은 명예와 지위가 빛나고 문장이 세상을 떠들썩하게 하였는데 불교를 이와 같이 완전히 숭상하였으니, 온 세상 사람들이 세찬 물결처럼 바삐 달려가는 것은 당연한 이치이다. 고려 말기 불교의 폐해가 국가에 까지 화를 끼쳤으니 어찌 이 사람이 선도하지 않았다고 단정하겠는가.

또 신라가 망할 때 신라의 옛 신하와 세족(世族)들은 의당 어떻게 통한하며 애통해야 하는가. 그런데 황엽 청송(黃葉青松)[99] 등의 말을 가지고 왕씨(王氏)의 왕업(王業)을 은밀히 도왔으니, 신하로서의 식분과 의리에 어찌 이와 같은 행동을 용납하겠는가. 학술이 바르지 않고 윤강(倫綱)을 파괴하여 없앴으니 공자 문하의 처지에서 당연히 북을 치면서 성토하기에도 겨를이 없다. 그런데 도리어 배향의 대열에 올리어 학궁(學宮)을 더럽힌 것은 무엇 때문인가. 나는 사관(史官)이 붓을 잡고 망대부(莽大夫)라고 쓴 예(例)[100]를 써야 된다고 생각한다." 안순암(安順菴) 공이 『동사

98) 전조(前朝) 오현(五賢) : 신라의 최치원(崔致遠) · 설총(薛聰)과 고려의 안유(安裕) · 정몽주(鄭夢周) 등 사현(四賢)인데, 여기서 오현이라 한 것은 착오인 듯하다.

99) 황엽 청송(黃葉青松) : '계림은 잎이 누렇고, 곡령은 솔이 푸르다[鷄林黃葉 鵠嶺青松]'라 하여 신라는 운이 다하였고, 고려의 개성이 일어날 것을 예언한 말. 최치원이 고려 태조 왕건(王建) 일어나 나라를 세울 줄 미리 알고 편지를 보내 이 말을 했다 한다. 《三國史記 崔致遠列傳》

100) 망대부(莽大夫)라고 쓴 예(例) : 망대부는 왕망(王莽)에게 신하 노릇한 양웅(揚雄)을 이른다. 왕망이 한(漢)나라를 찬탈했는데도 양웅의 왕망을 섬긴 죄를 드러내기 위하여 주자(朱子)가 『자치통감강목(資治通鑑綱目)』에서 "왕망의 대부 양웅이 죽었다[莽大夫揚雄死]."라고 쓴 예를 따라 최치원의 변절한 행위를 드러내야 한다고 한

강목(東史綱目)』을 지을 때 스승의 가르침에 따라 사실대로 바르게 썼다.

고향에 사는 이웃 종족의 초상에 조카뻘 되는 사람이 스스로 일을 안다고 여겨 초종(初終) 때의 여러 의절(儀節)을 자기 마음대로 혼자 결정하여, 자못 재면서 뽐낸다[汰哉][101]는 꾸짖음을 당할 일을 범하였다.

선생이 이 말을 듣고 말씀하였다. "옛날 퇴계 선생이 남의 장례에 가서 한 자리에 단정히 앉아 한 마디 말도 없이 묵묵히 있었다. 한 젊은이가 앞장서 자리에서 나가더니 하관(下官)하고 폐백을 넣는 등의 모든 예를 낱낱이 지도하여 쉬지 않고 떠들어 대었다. 나이 많은 어른이 경계하여 '이 자리에는 반드시 예를 알지 못하는 사람이 없지 않은데 어찌 혼자 이처럼 하느냐.'라 하였다. 그는 '마침 예를 익힌 사람이 없어서 큰 예를 그르칠까 걱정되어 부득이 그러는 것입니다.'하였다. 이에 노인은 '이 자리에는 이 퇴계가 계신다.'하니, 그 사람은 부끄러워 얼굴이 빨개지며 기운을 잃고 물러갔다. 퇴계가 그 사람의 경솔한 태도를 눈으로 보면서도 입을 다물고 말하지 않은 점이 곧 퇴계다움이 되는 것이다.

동평위(東平尉) 정재륜(鄭載崙)[102]이 일찍이 친척의 초상에 조문 가서 대렴(大斂)과 입관(入棺)하는 의절을 만났다. 주인집은 재산이 넉넉하여

것이다.

101) 재면서 뽐낸다[汰哉] : 예(禮)는 자기 마음대로 허락해서는 안 됨을 이른 말. 사사(司士)로 있는 분(賁)이 평상에서 염(殮)을 하겠다고 요청하자 자유(子游)가 허락하였다. 이를 들은 현자(縣子)가 "재면서 뽐내는 구나[汰哉]."하였다. 이는 예에 관한 일을 자문할 때는 예에 의거해서 대답해야 되는 데 예가 마치 자기에게서 나오는 것처럼 대번에 허락했기 때문에 비난한 것이다. ≪禮記 檀弓 上≫

102) 동평위(東平尉) 정재륜(鄭載崙) : 조선 효종(孝宗)의 부마(駙馬). 본관은 동래(東萊). 자는 수원(秀遠), 호는 죽헌(竹軒). 시호는 익효(翼孝). 영의정 태화(太和)의 아들로 숙부인 좌의정 치화(致和)에게 입양되었다. 효종의 넷째 딸 숙정공주(淑靜公主)와 혼인하여 동평위(東平尉)가 되었다. 사은정사(謝恩正使)·동지정사(冬至正使) 등으로 세 차례 청나라에 다녀왔다. 『열성지장통기(列聖誌狀通記)』를 증보 간행하였다. 저서에 『공사견문록(公私見聞錄)』·『한거만록(閑居漫錄)』이 있다. ≪朝鮮孝宗·顯宗·肅宗·景宗·英祖·正祖實錄≫ ≪燃藜室記述≫

많은 명주솜을 써서 널의 빈곳을 채워 넣었다[補空]. 그 때문에 대렴한 부피가 커서 양쪽 가장자리가 다 널 밖으로 삐져나왔다. 여러 장인(匠人)을 지시하여 납작하게 깎은 작은 나무를[自註 : 민간의 이름은 중목(中木)인데 이것을 써서 널에 밀어 넣는다] 가지고 사방에 둘러 모여 부피를 줄여서 들어가게 하도록 하였으나 되지 않았다. 그러자 뭇사람들의 의론이 모두 널을 바꾸는 것밖에는 다른 방법이 없다 하여 시체를 들어다 전에 있던 곳에 안치하려고 하였다. 동평위는 처음에 한 마디 말도 없이 서서 지켜볼 뿐이었는데 이때에 이르러 비로소 앞으로 나섰다. 장인 한 사람을 불러 한 곳을 가리키며 묶으라 하고, 또 장인 한 사람을 불러 한 곳을 가리키며 막으라 하고, 또 한 곳을 가리키며 여미라 하고, 또 한 곳을 가리키며 누르라 하면서 이렇게 여러 차례를 돌자 정말 널에 들어갔다. 이미 입관하는 일을 마치고는 물러나와 앞에 있었던 자리로 돌아갔다.

명주솜은 미세하고 부드러워 이동하거나 바르게 정리하기 쉽지 않기 때문에 이와 같았던 것이다. 동평위가 처음에 발하지 않은 것은 자기를 드러내려고 하지 않았기 때문이었다. 급기야 그 집의 군색한 것을 보고 비로소 나가 지도하여 주인집의 낭패를 면하게 하였으니 군자(君子)답구나. 이 사람이여! 몸가짐을 신중히 하고 일 처리를 정확하고 꼭 맞게 하였다. 이는 후생들이 응당 본받아야 할 일이다.

선생이 말씀하였다. "나라에 충성하는 신하가 있으면 단지 그의 좋은 말이나 원대한 계책이 그때마다 시기와 사세에 알맞을 뿐이 아니라, 그의 평생 처신이 모두 정도(正道)에서 나와 성의와 충성은 온 세상 사람을 감동시키고 신의와 도의는 모든 사람을 감복시킨다. 그래서 오랑캐나 원수라도 귀의하고 존경하기 때문에 국가가 그에게 의지하는 것이다. 우리나라의 사례를 들어 말해 보겠다.

처음 강홍립(姜弘立)이 오랑캐를 위해 향도하여 내란의 효시가 되었을 때[103] 조야(朝野)가 벌벌 떨며 두려워하여 사자(使者)를 파견해 타일러서 마음을 풀게 하였다. 홍립이 '장현광(張顯光)과 정경세(鄭經世) 등 여러 공(公)이 조정에 있소?'하고 물었다. 사자가 '벼슬이 높고 모두 청요(淸要)의 반열에 있습니다.'라고 대답하였다. 홍립은 '여러 공은 현인군자로서 그 분들의 벼슬하고 은퇴하는 큰 절조는 반드시 바르지 않은 경우가 없을 것이오. 그렇다면 나는 참으로 망령된 일을 하고 있을 뿐이다.'하였다. 마침내 군대를 해산하고 스스로 자기를 결박하여 조정에 귀순하니 교전하지 않고 환란이 바로 해소되었다.

임진왜란에 영남 일대가 먼저 그 환란을 당하였다. 조정에서 급히 김학봉(金鶴峰)을 차출하여 경상우도감사(慶尙右道監司)를 삼았다. 혼자서 말을 달려 부임하다가 길에서 그득한 왜적을 만나 앞으로 나갈 수가 없었다. 마침내 말에서 내려 호상(胡床, 중국식 의자)에 걸터앉았는데 보통 때처럼 안색이 침착하니 왜적이 바라보고는 쭉 늘어서서 절을 하고 물러갔다. 전에 학봉이 일본에 사신을 가서 청렴결백하고 엄정하니 왜인들이 크게 감복하였다. 그래서 이 때 그 얼굴을 한번 보고는 공경하는 뜻을 지극히 표하고 물러간 것이다. 급기야 임금의 행차가 의주에 머물게 되었고, 왜적의 기세는 더욱 성하였는데 왜적이 한음(漢陰) 이 선생을 한번 만나자고 요청하였다. 한음 선생이 혼자서 말을 타고 왜적의 군영에 들어가 성신(誠信)으로 그들을 타이르고 돌아왔다. 두 분 선생이 홀몸으로 적진의 창칼이 번득이는 사이에서 주선하였는데도 왜적이 감히 해를 끼치지 못했을 뿐 아니라 이처럼 극진한 예의로 존경하고 감복하였다. 평소 충신

---

103) 강홍립(姜弘立)……되었을 때 : 강홍립은 조선 인조(仁祖) 때의 무신. 본관은 진주(晉州). 호는 내촌(耐村). 문과에 급제하여 순검사(巡檢使)를 역임하고 진녕군(晉寧君)에 봉해졌다. 명(明)나라가 후금(後金)을 치기 위해 원병(援兵)을 보내라는 요구가 있자 오도 도원수(五道都元帥)가 되어 출정하였다가 후금에 대패하여 항복하였다. 정묘호란(丁卯胡亂) 때 후금군의 선도로 입국하여 화의(和議)를 주선한 뒤 국내에 머물렀으나 역신으로 몰려 관직을 삭탈당했다가 죽은 뒤에 복관(復官)되었다. ≪光海君日記≫ ≪仁祖實錄≫ ≪燃藜室記述≫ ≪國朝榜目≫

(忠信)의 풍모가 드러나지 않았다면 가능한 일이겠는가.

우리 선조 경헌공(敬獻公)[104]이 일찍이 평안도 관찰사로 재직하면서 유교의 교화를 크게 밝혀 문교(文敎)가 크게 찬란하니, 한 지역의 인사(人士)들이 진심으로 경애하며 마치 부모처럼 떠받들었다. 북쪽의 오랑캐들도 그 소문을 듣고 감히 사단을 일으키지 못하여 변경이 평안하였다. 눈 쌓인 변경의 안위(安危)에 대한 영향은 한 사람에게 달렸다는 것이 참으로 그렇지 않은가."

어떤 친한 친구가 바닷가에 제방을 쌓아 기름진 농지를 많이 차지하였다. 그러나 물을 빼는 수문을 쌓는데 돌로 하지 않으면 실로 영원히 폐단이 없게 하기 어려웠지만 헤아리지 못할 비용이 들어 자못 근심하고 탄식하였다. 선생이 "우선 나무를 깎아 수문을 만들어 당장의 급한 문제를 해결하고, 매번 가을 추수할 때 해마다 2~3포대씩을 내어 재물을 불리면 5~6년이 지나지 않아 석문(石門)을 만들 수 있을 것이오."하고 가르쳐 주었다. 그 사람이 나와서 "선생의 훌륭한 도학(道學)은 결코 감히 함부로 의론하지 못하겠으나 일반 사람들의 산업을 경영하는 것과 같은 일의 식견과 처리까지도 보통 사람이 미칠 수가 없다."하였다. 곁에 있던 어떤 사람이 "옛날 군자(君子)의 재주와 지혜도 보통 사람에 비해 크게 뛰어나기 때문에 큰일을 잘 처리하고 큰 사업을 이루었다. 만일 후세의 사리에 어두운 선비의 옹졸한 생각을 변통 없이 지키는 것과 같다면 어떻게 온 세상을 다스리고 백성을 구제하겠는가."하였다.

---

104) 경헌공(敬獻公) : 조선 성종(成宗) 때의 문신 이계손(李繼孫)의 시호. 이계손은 성호의 9대조로, 경헌공파의 파조(派祖)이다. 문과에 급제하여 예조 정랑·병조 좌랑 등을 거쳐 강원도·함길도·평안도·황해도·경기도 관찰사와 이조 참판·형조 판서·대사헌·병조 판서 등을 역임하였다. 그는 평안도 관찰사로 있을 때 유화(儒化)와 교도(敎導)에 힘써 그곳의 거친 풍속을 유아(儒雅)하게 하였다 한다. ≪朝鮮成宗實錄≫ ≪墓碣銘≫ ≪驪江世乘≫

선대의 문벌이 훌륭하여 제사지내는 예절이 처음에는 자못 풍성하였다. 부학공(副學公)이 별세하여 가산(家産)이 조금 쇠락하게 되자 선생은 "아버지는 대부(大夫)가 되고 아들은 사(士)가 되었으면 대부의 예로 장례를 치르고 사의 예로 제사를 지낸다.[105] 소뢰(小牢)나 특돈(特豚)[106]을 쓰는데 각각 차등이 있어서 감히 등급을 넘지 못하는 것이 옛날의 제도이다. 지금 우리들은 호적에 편입된 평민으로 받는 녹봉이 없으니 반드시 가난에 이르게 될 형편이다. 제사지내는 예절을 만일 고치지 않고 이전부터 하던 대로 하여 오로지 풍성하게 차리기를 힘쓴다면 궁핍하게 된 뒤에는 국과 밥으로 제사를 받들고자 하더라도 어렵지 않겠는가. 지금 바로 삭감하여 한 집안의 예를 정함으로서 후손들이 이어가도록 하는 것만 못하다."하였다. 마침내 예전과 현재의 예를 헤아려 짐작하고 사치와 검소를 알맞게 조절하여 육변(六籩)·육두(六豆)·삼정(三鼎)의 제도를 정하였다. 네 가지 과일에 육포·건어물을 아울러 육변이 되고, 네 가지 채소에 식해(食醢)·어해(魚醢)를 아울러 육두가 되며, 닭·생선·고기를 끓인 탕 한 그릇씩으로 삼정의 수를 갖추었다. 또 물고기와 고기 두 쟁반을 구비하니 곧 세속에서 저냐[肝南·肝納]라는 것이다. 쌀밥·국수·국에 술을 아울러 도합 스물두 가지이고, 구이 세 꼬지를 술을 올릴 적마다 각각 한 꼬지를 드리는 것으로 하였다. 이와 같이 제도를 정하니 이전에 비하여 줄인 정도에 그칠 뿐이 아니었다. 인척과 종족들이 모두 지나치게 보잘것없다고 하였고, 비웃고 비난하는 사람도 있었다. 그런 뒤 얼마 지나지 않아 여러 대 벼슬하는 큰 집안이 가산을 탕진하여 심한 경우 제사를 지내지 못하거나 지내더라도 의식을 갖추지 못하니, 그제야 선생의 밝

---

105) 아버지는……지낸다 : 장례는 죽은 사람의 벼슬에 따른 등급으로 치르고, 제사는 제사를 받드는 사람의 녹봉으로 지냄을 이른 말. ≪中庸 18章≫

106) 소뢰(小牢)나 특돈(特豚) : 제사에 쓰는 희생으로, 대부는 소뢰를 쓰고, 서인(庶人)은 특돈을 쓴다. 소뢰는 양(羊)과 시(豕)를 함께 쓰는 것이고, 특돈은 돼지 한 마리만을 쓰는 것이다. ≪禮記 郊特牲≫

은 식견에 감복하였다.

선생이 늘그막에 또 말씀하였다. "천자는 칠묘(七廟)이지만 그 실상은 사묘(四廟)이니, 태조(太祖)와 문왕(文王) 무왕(武王)의 세실(世室)[107]을 아울러 일곱이 된다. 제후(諸侯)는 오묘(五廟)이지만 그 실상은 사묘이니, 태조의 묘(廟)와 아울러 다섯이 된다. 대부(大夫)는 삼묘(三廟)이지만 그 실상은 이묘(二廟)이니, 시조와 아울러 셋이 되는데 그 중 시조의 묘가 없는 사람은 증조의 제사까지 허락하여 삼묘의 수를 채운다. 적사(適士)[108]는 이묘이고, 관사(官師)[109]는 일묘(一廟)이며, 서인은 묘가 없어서 정침(正寢)에서 아버지를 제사 지낸다. 이것은 일찍이 역대에 고친 적이 없이 똑같이 시행하였다.

정자(程子, 程頤)에 와서 고조(高祖)는 상복(喪服)이 있으니[110] 제사지내지 않을 수 없다는 가르침이 있어서 주자(朱子) 『가례(家禮)』에 이를 따랐다. 그러나 이는 모두 벼슬이 있는 사람의 예이고 서인에게 통행되는 예는 아니다. 정씨(程氏) 집안의 묘는 이천(伊川)의 가르침을 따라 세웠으니 이것이 명확한 증거이다.

지금 벼슬이 없는 선비가 4대를 제사지내고, 그중 체천(遞遷)하지 않는 시조의 묘가 있는 자는 제후의 오묘와 전혀 차등이 없으니 너무 참람하지

107) 세실(世室) : 대대로 이어서 받드는 묘실(廟室)이라는 뜻으로 천자가 오제(五帝)를 제사하고 제후를 내조(來朝)시키는 곳. 하(夏)의 세실, 은(殷)의 중옥(重屋), 주(周)의 명당(明堂)이 같은 제도의 종묘인데, 주나라에는 문왕(文王)과 무왕(武王)의 세실이 있어서 친진(親盡)이 되어도 묘(廟)를 헐지 않았다. ≪周禮 考工記 匠人≫ ≪公羊傳 文公13年≫

108) 적사(適士) : 상사(上士). 고대 관계(官階)의 하나로, 하대부(下大夫)와 중사(中士)의 중간이다. ≪周禮 天官 序官≫ ≪禮記 祭法≫

109) 관사(官師) : 제후의 중사(中士)·하사(下士)로서 한 관서의 우두머리. 『예기 제법(禮記 祭法)』 "官師一廟 〈陳澔集說〉官師者 諸侯之中士下士 爲一官之長者 得立一廟 祖禰共之."라 하였다.

110) 고조(高祖)는 상복(喪服)이 있으니 : 고조가 죽으면 3개월 동안 자최복(齊衰服)을 입는다. ≪喪禮備要 喪禮 本宗五服之圖≫

않은가. 우리나라의 대대로 녹봉을 받은 집안은 자신은 벼슬이 없으나 당연히 일반 백성과는 구별이 있다. 만일 적사의 제도를 써서 조부와 아버지까지 제사를 지낸다면 예법과 인정으로 헤아려볼 적에 참으로 적합할 것이다." 이어서 조부와 아버지까지 제사지내는 것을 집안의 제도로 정하고 자손에게 대대로 좇아 시행하도록 유훈(遺訓)하였다.

재종제 구환(九煥)의 상을 당하여 삼년상을 마치고 선생의 신주(神主)를 유훈에 의거하여 체천해 묻는 것이 당연하였다. 당시 높은 학문의 경지에 오른 뛰어난 제자들이 모두 별세하고 오직 안순암(安順菴) 어른만이 살아 계셨다. 그래서 내가 편지를 써서 신주를 체천하여 묻는 것이 당연한지 어떤지를 여쭈었다. 그랬더니 순암 어른이 답장을 보내 이렇게 말했다. "이미 결정해 내린 명령을 좇아 시행하는 데 대해 나는 감히 함부로 이론을 내지 못하겠다. 그러나 선생의 이 의론은 내가 선생이 별세한 뒤에 보고 마음에 의심스러운 점이 있어서 여쭈어 보고 싶었으나 될 수 없었다. 다시 선부군(先府君, 남의 아버지에 대한 존칭)께 질문하고 싶었으나 머뭇거리다가 실현하지 못하여 지금껏 한스럽다……." 그리고는 이어서 『예기(禮記)』의 「왕제(王制)」·「제법(祭法)」의 내용과 우리나라의 제도를 들어 서로 비교하며 증명하여 논변(論辨)하였다. 그 대략의 뜻은 "삼대 동안 제사를 지내는 것이 합당하다"는 것이었다. 그 때문에 나는 다시 예전과 현재의 예 및 선생께서 정한 제도의 의의를 상세히 써서 회답하였다. 순암 어른이 매우 옳다고 여기면서 답장을 보내 이렇게 말했다. "지금 옛 예를 인용하여 증명한 것을 보니 고찰하여 증거를 삼은 것이 명백하다. 또 우리 선생님의 본래의 뜻을 미루어 밝혔으니 다시 의심스럽고 분명치 못한 것이 없다. 얼마나 상쾌하고 다행한 일인가……."

선생은 어릴 때부터 화려한 비단옷을 싫어하여 검소함을 좋아하고 사치함을 싫어하였다. 권대부인(權大夫人)이 새 옷을 지어 강제로 입게 하면 그때마다 여러 날 동안 부끄러워하였다. 장성하자 거친 베옷을 입고 소가죽 띠를 띠었는데 간혹 대로 만든 띠를 띠었으며 소가죽 발막신을 신었다. 30년 동안 하나의 관(冠)을 썼으며, 간혹 중멸평량립자(重篾平凉笠子)[111]를 썼는데 무환자(無患子)[112] 갓끈을 사용하여 두 가닥을 턱밑에서 교차하고 남은 것은 아래로 드리웠다. 당시의 친척과 친구들의 의관은 모두 아름답고 우아하였다. 선생의 이런 의복을 보고는 지적하며 비웃었으나 역시 아랑곳하지 않고 일생 동안 한결같이 하였다.

일찍이 말씀하였다. "요즘 사람들이 무환자를 방죽영[防築纓]이라 부르지만 이는 잘못된 것이다. 방죽영은 본래 연밥[蓮子]를 가리키니, 연꽃은 물속에 나서 대부분 방죽 사이에 있기 때문에 방죽영이라 부른다. 지금은 연밥 갓끈을 쓰지 않고 폐기하여 무환자 갓끈이 성행하고 있다. 그 때문에 모든 사람들이 입에 나오는 대로 옛 이름을 따라 부르고 있으니 세간에 잘못 전해오는 말이 대부분 이런 종류이다.

예전 한훤당(寒暄堂, 金宏弼의 호) 김 선생은 항상 연밥 갓끈을 매고 한밤중마다 정좌하여 경전을 외웠는데 연밥이 궤안(几案)에 부딪쳐 소리가 났다. 그래서 집안사람들이 이 소리로 선생이 경전을 외우는 중임을 알았다 한다. 그러나 연밥은 타원형으로 길고 또 무거워 끝내 무환자의 가볍고 편리함만 못하다. 그러므로 저 연밥 갓끈을 버리고 이 무환자 갓끈을 매는 것이다."

선생은 남을 대할 적에 마음을 다해 겸양하고 삼갔으며, 게다가 노인을 공경하는 예를 더욱 중시하였다. 같은 동류의 벗 사이라도 나이가 60세 이상이 된 사람에게는 반드시 더욱 마음을 다해 존중하였다. 비천한 노복

---

111) 중멸평량입지(重篾平凉笠子) : 가는 대오리를 겹으로 결어 만든 패랭이.

112) 무환자(無患子) : 무환자나무의 열매. 무환자나무는 낙엽 활엽 교목으로, 여름에 흰색이나 자주색의 잔꽃이 가지 끝이나 잎겨드랑이에서 피고, 열매는 핵과(核果)로 10월에 익는다. 씨로 장난감이나 갓끈 · 염주를 만든다.

일지라도 나이가 늙어 머리털이 허옇게 센 사람에게는 역시 그의 이름을 바로 부르지 않고 반드시 그의 아들을 들어 '아무개 아비' · '아무개 어미'라고 불렀다.

어떤 학생이 막 뵈려고 오다가 길에서 비를 만나 옷이 다 젖었다. 선생이 문을 열고 앉아있는 것을 바라보고는 감히 빨리 달리지 못하고 용모를 단정 엄숙히 하고 천천히 걸었다. 선생이 불러서 "비에 옷이 젖는데 어찌 빨리 오지 않느냐."라 하였다. 문에 들어와 절하고 뵙자 선생은 말씀하였다. "걷는 발의 태도는 장중하지 않으면 안 되지만 비가 좍좍 쏟아지는데 어찌 옛 사람의 가르침만 변통 없이 지켜 몸이 젖는 것도 아랑곳하지 않겠는가. 말세의 학자들이 대부분 실질은 실천하려 하지 않고 오로지 겉꾸밈만을 힘써서 많은 사람들에게 특이함을 구하는 일이 가끔 이와 같다. 이는 아름다운 일이 아니니 반드시 통절히 경계해야 한다."

어떤 선비가 처음에 과거 공부를 하다가 중간에 갑자기 학문에 뜻을 두어 부지런히 경서를 읽고 외모를 단정하게 다잡으며 간혹 선생의 문하에 와서 가르침을 청하였다.

선생은 그의 성력(誠力)이 부족함을 살펴보시고 경계하였다. "자네가 스스로 유속에서 빠져나와 유학(儒學)에 뜻을 두었으니 좀처럼 쉽게 얻을 수 없는 일이다. 다만 학문을 하는 데는 방법이 있다. 독실하게 배우고 향상하여 중지하지 않고 거듭 힘써 큰 학업을 이룬다면 어찌 우리 유학의 지극한 공부가 아니겠는가. 학문에 세운 뜻이 견고하지 못하여 명리(名利)에 뜻을 빼앗기거나 가난 때문에 지절(志節)을 바꾸기도 한다. 처음에는 부지런히 하다가 끝에는 게으르고 신속히 나아가다가 빨리 물러나면 덕(德)을 잃는 허물이 되어 선비들이 비웃을 것이다. 자네는 스스로 생각해보기에 정말 중간에 그만 두는 데에는 이르지 않겠는가?"

그 사람은 잠자코 있으면서 대답하지 못하고 물러갔다. 돌아간 지 며칠이 지나 집안사람에게 "오래오래 생각해 보니 나는 처음부터 끝까지 변하지 않고 한결같음을 보장하기 어렵습니다."하고는 다시 예전처럼 과거공부를 하였다.

여자 종이 언젠가 세숫대야를 올릴 적에 계단에 이르러 잘못해 넘어지는 바람에 온 계단에 물이 뿌려져 신을 적셨다. 선생은 나무라지 않고 "다친 데는 없느냐?"하고 물었다. 여자 종은 부끄러워 얼굴이 빨개지면서 "다친 데가 없습니다."하고 대답하였다. 이때 족질(族姪) 진사공(進士公) 정휴(楨休)는 선생보다 나이가 많았는데, 우연히 곁에 있다가 "국이 네 손을 데이게 했느냐?"[113]라 하였다. 이는 유관(劉寬)의 일을 가지고 선생을 비교한 것이다.

선생은 젊었을 때 간혹 두세 산의 술을 마시기까지 하였다. 청명주(淸明酒)를 끔찍이 즐겨 마실 적마다 그 술의 깊은 맛이 아주 뛰어남을 칭찬하였다. 늘그막에 이르러 "아침저녁에 끼니로 먹는 밥은 먹지 않으면 굶주리게 되니 참으로 폐지할 수가 없다. 술은 끼니 이외의 음식이니 종신토록 마시지 않아도 해롭지 않다. 도무지 객기(客氣)를 부리게 되므로 혹 절제해 마시지 않으면 반드시 혼란한 지경에 이르게 되어 덕을 손상시키고 위의를 잃게 된다. 또 까닭 없이 곡식을 축내며, 또 이어갈 수 있는 방도가 아니니, 일찌감치 끊는 것만 못하다."하고는 종신토록 입에 대지 않았다.

---

113) 국이……했느냐 : 후한(後漢) 영제(靈帝) 때의 유관(劉寬)은 성품이 소탈하여 화를 내지 않았다. 하루는 그의 부인이 유관이 화를 내는지 시험하려고 하였다. 하루는 그가 조회에 들어가기 위해 조복을 완전히 차려입자 여자 종을 시켜 고깃국을 받들고 가서 실수인척 국을 조복에 쏟게 하였다. 그러나 유관은 안색이 조금도 변하지 않으면서 "국이 네 손을 데었겠구나."라 하고 전혀 화를 내지 않았다 한다. ≪後漢書 劉寬傳≫

선생은 평생 동안 파와 마늘 같은 특이한 냄새가 나는 채소를 먹지 않으면서 "(이것을 먹으면) 몸이 정결하지 못하고 또 좌중의 사람을 방해한다"하였다.

선생은 나의 본생가 선인과 숙질간이어서 두 집이 한 골목에 서로 바라보면서 살았다. 선생은 집안 꾸리기를 한결같이 절약으로 으뜸을 삼아 아침저녁에 끼니로 먹는 밥 이외에는 절대로 술을 빚어 음식을 차리는 일이 없었다. 당시에 일찍이 여러 종족들이 모여 삼두회(三豆會)를 베풀었다. 삼두는 콩을 갈아서 끓인 죽 한 그릇, 황권저(黃卷菹)[114] 한 그릇에 청국장[豆豉鹽醬] 한 그릇을 아우른 것이다. 해마다 변하지 않는 규례로 삼았으니, 이는 검소함을 앞장서서 인도하려는 것이다.

나의 본생가 선인은 주량이 매우 커서 십여 잔을 마셔도 취하지 않았다. 그러나 집에 한가로이 있을 때는 일찍이 술잔을 잡지 않았고, 오직 손님을 맞이하여 술을 권하는 것으로 즐거움을 삼았다. 그 때문에 자리에는 손님이 항상 가득하였고, 맛좋은 술과 좋은 고기 안주를 많이 마련해 두고 권하여 반드시 술이 취한 뒤에 그만두었다. 선생은 매번 걱정하고 탄식하며 "하늘이 생성하는 재물은 다만 정해진 숫자가 있는데 일분(一分)을 허비하면 일분이 줄어들게 마련이다. 무엇 때문에 하늘이 주는 재물을 아끼지 않고 쓸데없는 데 비용을 소모하는가. 단지 손님이 술에 취하여 위의를 잃을 뿐 아니라 손님을 존경하는 예의를 크게 잃는 것이다. 벼슬이 없는 일반 서민이 이와 같이 재물을 허투루 쓰면 가업(家業)을 어떻게 이루겠는가."

선생은 한결같이 음식을 절제하여 비용을 아끼는 것으로 마음을 먹었다. 제때가 아닌 음식을 만나면 배고픔을 면할 정도만 먹고 다시 더 들지

114) 황권저(黃卷菹) : 누런 배추를 말아서 담근 김치인 듯한데 자세히는 알 수 없다.

않았다. 민간의 명절마다 사당에 드리는 계절 음식이 각각 있었다. 설날 아침에는 떡국[餠羹], 정월 보름에는 대추와 밤을 넣은 밥[棗栗飯], 삼짇날은 꽃떡[花糕], 유두절에는 주악[角黍]·수단떡[水團餠], 중추절에는 천신(薦新)하는 쌀떡, 중양절에는 국화떡[菊餠], 동지에는 팥죽[赤小豆粥]이 있다.

선생은 이날 집안에 밥을 차리지 않도록 하면서 일찍이 "음식은 배를 채우면 곧 그만 먹어야 되니 그 나머지는 모두 과도한 것이다. 지금 사람들은 취하도록 술을 마시고 배부르도록 음식을 먹고 난 나머지에도 반드시 아침저녁의 끼니로 먹는 밥은 대식(大食)이니 폐할 수 없다라 하여 억지로 한두 술을 든다. 여러 가지 음식도 여기저기 흩어놓고 어지럽게 먹기까지 하니 이 무슨 의의가 있는가. 중국 사람은 그렇지 않아서 주로 만두나 떡·국수 같은 것으로 밥을 대신하는데, 번번이 조선 사람들은 대식을 중요시한다고 비웃어 사람을 매우 부끄럽게 한다."

선생은 80년 동안을 시골에서 곤궁하게 늙으면서 분잡하고 떠들썩한 시정(市井)과 조정에는 관심을 두지 않아 발을 들여놓은 적이 없었다. 그러나 나라의 걱정거리와 백성들의 고통 등 국가의 대계에 관계가 있는 일에 대해서는 반드시 깊이 근심하고 먼 앞일까지 생각하여 마치 자기가 당한 것처럼 여겼다. 그 걱정으로 잠을 자거나 음식을 먹어도 편안하지 않아 심지어 강개하여 눈물을 흘리기까지 하였다. 이는 나라를 걱정하고 백성을 사랑하는 오직 한 가지 생각이 곤궁한 생활로 인해 조금도 해이해지지 않았기 때문이다.

선생은 벼슬하지 않는 평민의 처지에 있었으나 항상 이 세상을 담당하는 것을 자신의 임무로 삼았다. 멀리는 지난 시대의 성패와 잘잘못의 원인을 인용하고 가까이는 우리나라의 옛 제도와 고사(故事)를 참고하여 폐단이 많은 정치를 바로잡아 백성들을 이롭고 편안히 살게 하기를 생각하였다. 그 결과 『곽우록(藿憂錄)』 한 책을 지어 나라를 다스리고 백성을 구제하는 위대한 계책을 빠짐없이 논하여 집에 소장하였다. 그리고는 일찍이 "이 계책이 지금 시행되지는 못하더라도 후세에 만일 채택되어 시행됨으로서 평범한 한 남편과 아내가 그 혜택을 받게 된다면 내가 죽은 뒤에라도 어찌 큰 행복이 아니겠는가."하였다.

선생은 평소 온화하고 순하며 마음이 화락하고 너그러워 과시하고 꾸미는 것을 일삼지 않았다. 그러므로 일상적인 말씀과 행동이 보통 사람과 차이가 없었었다. 그러나 자세히 살펴보면 머리와 몸은 반드시 바르고 곧았으며, 움직이는 태도는 반드시 급박하지 않고 점잖았다. 입은 천박하고 도리에 어그러지는 말을 내뱉지 않았고, 몸은 게으르고 공경치 못한 태도를 짓지 않았다. 병을 앓지 않으면 언제나 꼿꼿이 꿇어앉지 않은 적이 없었기 때문에 바지의 무릎 부분이 먼저 뚫어지고 버선의 등솔이 매번 해어졌다.

선생이 언젠가 손님을 대하여 오래 사는 나무의 옹두리로 만든 술잔을 꺼내어 술을 권하였다. 이어서 "선대부(先大夫)께서는 시를 짓고 술을 마시면서 즐겁게 담론하는 것을 좋아하셨소. 그 때문에 사람들이 좋은 술잔을 얻게 되면 모두 가지고 와서 드렸다오. 또 외가(外家) 영제군(寧堤君)[115]의 집에서 전해 온 것이 적지 않기 때문에 집안에 전하는 술잔은 묘한 모양의 희귀품이 많다오. 어느 날 형제들이 모여 술을 마실 적에 한

115) 영제군(寧堤君) : 조선 중기의 왕족 이석령(李錫齡)의 봉호로 선조의 중형(仲兄) 양자이다. 본관은 전주. 자는 천여(天與). 시호는 영희(榮禧). 선조(宣祖)의 생부(生父)인 덕흥대원군(德興大院君)의 손자로, 생부는 하원군(河原君) 이정(李鋥)인데 숙부 하릉군(河陵君) 이인(李鏻)에게 입양되었다. 성호의 조부 이지안(李志安)이 영제군 이석령의 딸에게 장가들어 성호의 부친 이하진(李夏鎭)을 낳았기 때문에 이하진의 외가가 된다. ≪國朝人物考≫

두 개씩 나누어 갖기로 의논하여 옥배(玉杯)·호박종자[珀鍾]·유리·청라(靑螺) 중에서 자기 마음에 좋아하는 것을 갖기로 하였소. 나는 사치하는 것을 꺼려 단지 질박한 나무잔을 취하여 나무 상자에 넣어놓았더니 사람들이 모두 비웃었지요. 지금까지 여러 집에서 소장했던 것은 하나도 남은 것이 없고 오직 나의 나무 술잔만 아직까지 예전 물건으로 전해오고 있지요. 여기에서 사람들의 집안에 진귀하게 간직한 것은 오래 전하는 물건이 아주 적음을 알게 되었소. 나무 표주박의 순수하고 질박한 것만 못하니, 검소한 것을 싫어하고 사치스러운 것을 좋아하기 때문이오."라고 하였으니, 선생의 천성이 그러하였다.

뒤에 원양[元陽, 성호의 손자 구환(九煥)의 자]이 나에게 "집안에 전해오던 나무 술잔을 지금 갑자기 잃어버렸소. 내가 우연히 나무 상자를 열고 보았더니 술잔은 오간데 없고 빈 상자뿐이었소. 이것이 무슨 좋은 물건이라고 남에게 도둑을 당한단 말이오."하면서 혀를 끌끌 차면서 아쉬워함을 마지않았다. 나는 "나무 상자에 보호하여 잘 간수한 것은 훔쳐가라고 가르친 것이니, 만일 안석 사이에 아무렇게나 놓아두었다면 사람들은 거들떠보지도 않았을 것이네."라 하였다.

성호선생언행록 해제

성호선생언행록 해제

▎緖言

이 언행록은 후대 경세치용학파(經世致用學派)의 비조(鼻祖)로 일컬어지는 성호(星湖) 이익(李瀷) 선생이 행한 일생 동안의 언행을 기록한 책이다. 이 책은 선생의 종손(從孫) 목재(木齋) 이삼환(李森煥)이 직접 보고 들은 바를 학문(學問)·덕행(德行)·훈의(訓議)·의론(議論) 등으로 분류하여 상세히 기술한 것으로, 아직까지 세상에 전하거나 출판된 적이 없는 고본(藁本)을 역주한 책이다. 이삼환은 선생의 종손이지만 매우 사랑하여 친손자 구환(九煥)과 친형제를 맺어주고 별장을 주어 거처하게 하면서 자기의 학문을 계승하게 한 사람이다. 지금까지 연민문고(淵民文庫)에 수장되어 있던 이 책을 번역 출간함으로써 성호의 학문과 품성을 연구하는 데 많은 도움이 있을 것으로 기대된다.

성호 이익은 조선후기 근기 남인 학자에 의해 흥기한 근기 실학의 선구자이다. 당시 조선 유학(儒學)은 성리학(性理學)이 주류를 이루어 다른 학설을 수용하지 못하는 경직된 학풍을 유지하고 있었다. 이런 풍토 속에서 현실에 적용이 가능한 새로운 학문을 지향하고 추구한 유학의 한 분파가 바로 실학이다. 그러나 실학은 유학의 가치관을 완전히 부정하고 전혀 새로운 사상으로 나타난 학문이 아니라 유학 안에서 현실에 적용하여 민생을 위하는 실용성을 중요시하는 학문 사상이었다. 성호의 학문 체계는 주자(朱子)의 집주(集註)를 따라 육경(六經)의 본지(本旨)에 소원(溯源)하는 경학(經學)에 바탕을 두고 있다. 그러므로 선유(先儒)들이 발휘하지 못한 뜻을 발휘한 것이 많으며, 예론(禮論)으로는 번문욕례(繁文縟禮)의 폐해를 구하는 방법으로 검소함을 주장하여 사치를 배격하였다. 당시의 어려운 경제 사정을 위한 정책으로는 부귀한 상류층의 재산을 끌어내어 빈한한 하층민을 지원하여 부익부 빈익빈의 현실을 타파해야 된다고 믿었다.

성호의 유학적 연원은 미수(眉叟) 허목(許穆)을 소섭(溯涉)하여 한강(寒岡) 정구(鄭逑)를 지나 퇴계를 사숙(私淑)했다고 한다. 그러나 경세치용(經世致用)이나 이용후생(利用厚生)의 실학적인 학문은 율곡(栗谷) 이이(李珥)와 반계(磻溪) 유형원(柳馨遠)을 존숭하면서 그 학문을 탐구하고 효법(效法)하려는 태도에서 나왔다고 본다. 이 때문에 당시 유학자들이 일반적으로 성리학에만 매몰되어 있던 학풍에서 벗어나 실용의 학문을 추구하여 실학의 초석을 다졌다고 하겠다. 조선 후기 실학의 비조(鼻祖)로 일컬어지는 반계는 임진왜란을 겪은 지 40여 년 후에 일어난 병자호란의 참혹한 실상을 목격하였다. 반계는 참혹하리 만큼 피폐한 당시의 어려운 나라의 형편과 백성을 구제할 방법을 고민하며 부안(扶安)에 은거하여 『반계수록(磻溪隧錄)』을 저술하였다. 그러나 당시의 학계는 물론이고 정계에서도 『반계수록』을 주목하는 사람이 없었다. 성호는 "국조(國朝) 이래로 시무(時務)를 알았던 사람은 오직 이율곡(李栗谷)과 유반계(柳磻溪) 두 분뿐이다. 율곡의 주장은 태반이 시행할 만한 것이고, 반계의 주장은 근원을 연구하고 일체를 새롭게 하여 왕정(王政)의 시초가 되었으니 그 뜻이 진실로 크다."라 하여 자신의 학문에 대한 지향점의 출발을 여기에 두었다 할 수 있겠다.

▍家門과 學統

성호는 근기 남인 계열에 속하는 여주이씨(驪州李氏) 집안에서 태어났다. 그의 가문은 파조(派祖)인 경헌공(敬憲公) 이계손(李繼孫)이 여러 도의 관찰사와 대사헌 · 판서 등을 역임하여 벌열(閥閱)의 문호(門戶)를 세웠다. 증조부 이상의(李尙毅)는 의정부 좌찬성(議政府左贊成)을 역임하였고, 조부 이지안(李志安)은 사헌부 지평(司憲府持平)을 지냈다. 부친은 도승지(都承旨)를 거쳐 사헌부 대사헌에 오른 매산(梅山) 이하진(李夏鎭)이고, 어머니는 안동권씨(安東權氏)이다. 매산은 당쟁(黨爭)이 격심하던 시기에 벼슬살이를 하면서 남인 정권의 중심에서 활동하였다. 그는 경신대출척(庚申大黜陟)으로 남인 세력이 정계에서 완전히 배제될 때 진주 목사(晉州牧使)로 좌천되었다가 곧 다시 평안도 운산(雲山)으로 유배되었다. 성호는 부친의 유배지에서 숙종 7년(1681)에 막내아들로 태어났으나 태어난 이듬해에 매산이 배소(配所)에서 세상을 떠났기 때문에 부친의 영향은 별로 받지 못했다. 부친이 별세한 후 어머니 권씨는 선영(先塋)이 있는 안산(安山)의 첨성리(瞻星里)로 돌아왔고, 성호는 이곳의 성호장(星湖莊)에서 80평생을 학문 연구와 제자 양성에 힘쓰다가 세상을 마치게 된다. 그는 이 마을 인근에 성호라는 호수가 있었기 때문에 자신의 호를 '성호(星湖)'라 하였다 한다.

안산에서 자란 성호는 나이 10세가 되도록 몸이 몹시 허약하여 글을 배울 수 없을 정도였다고 한다. 그가 학문의 길로 들어설 수 있었던 것은 아버지처럼 섬긴 그의 둘째 형 섬계(剡溪) 이잠(李潛)의 지도 때문이었다. 이잠은 16세에 사마시에 합격하여 진사가 된 영재였지만 부친이 정쟁에 휘말려 유배지에서 작고하면서 집안이 몰락하기 시작하자 벼슬에 대한 욕망을 접고 불운한 삶을 산 인물이었다. 섬계는 47세 때에 원자(元子)의 보호를 주청하는 항소(抗訴)를 올렸다가 장살(杖殺)되니, 학문에 밝고 명백한 의론과 탁절(卓絶)한 지절(志節)로 당시 남인 계열의 인물들에게 추앙을 받았다. 이런 형의 지도로 학문을 접하게 된 성호는 당시의 엄혹한 정치 현실과 여러 모순된 현상을 목도하면서 이를 개선할 필요를 절감하며 성장하였다.

또한 셋째 형 옥동(玉洞) 이서(李漵)도 아버지처럼 섬기며 많은 영향을 받았는데, 옥동은 글씨에 뛰어나 동국진체(東國眞體)를 창시한 인물이다. 옥동은 후학을 가르칠 때 반드시 『중용(中庸)』·『대학(大學)』·『논어(論語)』·『맹자(孟子)』의 사서(四書)를 먼저 읽되 처음에 1천 번씩 읽게 하면서 말하기를, "학문에는 본말(本末)이 있으니, 먼저 천인성명(天人性命)의 이치와 효제충신(孝悌忠信)의 도에 통하여 바탕을 세워야 한다. 그런 뒤에 비로소 다른 책에 미치면 거의 돌아다니는 말처럼 밖으로 달려감이 없을 것이다."하였다. 그러나 선생은 그렇게 하지 아니하여 수(數)와 사방 방위의 이름을 먼저 가르치고 다음에 사서(史書)를 가르쳐서 마음과 지혜를 밝게 열어주고 문리(文理)를 통하게 하였다. 그런 뒤에 비로소 경전을 가르치면서 말하기를 "만일 문리에 통하지 못하면 옛 성현의 미묘한 말씀과 깊은 뜻을 어떻게 이해하겠는가?"라 하였다. 이 때문에 옥동의 문인들은 충신독실(忠信篤實)하고 품행과 지절(志節)이 순정(純正)하지 않은 이가 없었으나 간혹 문화(文華)가 부족하였다. 그러나 선생의 문하에서 공부한 사람은 대부분 문화와 질박함이 알맞게 조화를 이루어 당세에 유용한 사람이 많았다 한다.

이렇듯 성호의 사상은 교육에 있어서도 현실에 맞는 실용성을 위주로 하였다고 할 수 있다.

성호의 학문은 문인과 자질(子姪)들에게 이어져 성호학파를 이루었는데 먼저 문인들에게 이어진 학문세계를 보도록 하자. 성호의 문하에는 근기 남인 계열의 많은 유학자들이 모여들었다. 이들은 기존 학문 체계에 불만을 품고 정신문화와 물질문화의 균형한 발전을 통해 국력의 확충과

민생의 안정을 도모하는 선생의 학문과 사상을 이어 받았다. 이들은 각자의 소장(所長)을 따라 여러 전공으로 나뉘어 일가를 이루었다. 이를 유별하면 사학(史學)을 연구하여 『동사강목(東史綱目)』을 지은 순암(順菴) 안정복(安鼎福), 천문학을 연구한 황운대(黃運大), 지리학을 연구한 소남(邵南) 윤동규(尹東奎), 문학의 하빈(河濱) 신후담(愼後聃), 경학(經學)의 녹암(鹿菴) 권철신(權哲身) 등이 유명하다.

이들 성호학파는 경전(經傳)의 해석과 서학(西學)을 수용하는 태도에서 안정복을 중심으로 한 윤동규 등의 보수파(우파)와 권철신을 중심으로 한 이가환(李家煥) 등의 진보파(좌파)로 나누어지기도 하였다. 이 중에서 진보파는 순조 원년(純祖元年, 1801)에 일어난 신유사옥(辛酉邪獄)으로 절멸되어 후계가 끊어지고 말았다. 오직 보수파인 안정복의 학통만 하려(下廬) 황덕길(黃德吉), 성재(性齋) 허전(許傳), 수당(修堂) 이남규(李南珪) 등으로 후대에까지 이어졌다.

성호의 학문은 가학(家學)의 전승을 통하여 자질과 후손에게도 이어졌다. 성호는 아들 맹휴(孟休)와 원휴(元休)·광휴(廣休)·용휴(用休)·병휴(秉休)의 네 조카를 두었다. 이들은 모두 집안에서 성호의 학통을 이어 후계(後系)에 가학을 전수하였다. 그 중 경학은 아들 맹휴와 조카 병휴에게 전승되어 종손(從孫)들인 삼환(森煥)·철환(嚞煥)·정환(晶煥) 등에게 이어졌고, 문학은 조카 용휴에게 전승되어 가환(家煥)·학규(學逵) 등에게 계승되었다. 이 밖에도 경제학을 연구한 만휴(萬休)와 지리학을 연구한 중환(重煥) 등이 성호의 학문과 개혁사상을 이어받아 성호학파를 이루었다.

성호는 학문의 근본으로 익힌 성리학을 바탕으로 실용과 치용에 역점을 둔 새로운 학문을 접목시켜 당시의 고답적인 일반적 유학으로는 생각하기 어려운 방향에서 유학의 이치를 새롭게 해석하여 실용성을 중시하는 자신의 사상을 이루었다. 이는 성호보다 앞서 실학의 바탕을 조성한 반계 유형원에게 큰 영향을 받았다고 한다. 성호는 유형원의 학풍을 계승하여 유학자들이 연구하지 않던 천문 · 지리 · 율산 · 의학에까지 범위를 넓혀 공부하였으며, 직접 농사를 지으면서 정전법(井田法)을 실행할 수 있는 법도 제시하였다. 성호는 기존 학문에 대한 수용과 비판이라는 두 가지 방법론 속에서 유학의 새로운 방향을 모색하였고 서학과 과학까지 접목시켜 실학의 토대를 마련함으로써 뒤에 실학의 걸출한 학자 다산(茶山) 정약용(丁若鏞)을 배출하여 실학을 집대성하게 되는 것이다.

▌體裁와 內容

이 언행록은 아직 출간된 적이 없는 필사고본(筆寫藁本)으로 연민문고(淵民文庫)에 수장되어 있는 책이다. 이 책은 학문(學問) · 덕행(德行) · 훈의(訓議) · 의론(議論)의 모두 네 부분으로 구성되어 있다. 다만 본문 안에 편목을 써놓지는 않았으나 이표지(裏表紙)로 보이는 곳에 이 네 편목을 써놓았다. 또 각 편목이 시작되는 곳을 별장으로 시작하고 있어서 이 네 가지 편목으로 분류하여 저술하였음을 알 수 있다. 각 편목별의 항목을 보이고 간단한 내용을 적기하면 다음과 같다.

① 학문 : 37조 ② 덕행 : 58조 ③ 훈의 : 6조 ④ 의론 : 8조

학문 부분에서는, 주로 선생이 손에서 책을 놓지 않을 정도로 독서를 몹시 좋아하였으며, 정세한 사색을 통하여 의의를 투철하게 이해하고 박학다문(博學多聞)한 모습 등을 기록하였다.

선생은 읽지 않은 책이 없으며, 그 의의를 연구하지 않은 것이 없어서 그 중 좋은 것을 가려 뽑아 자신의 소유로 하였다. 그러나 평생 읽지 않

은 것은 학문에 도움이 되지 않는 도가 · 불가 · 패관(稗官) 등의 서적인데 이는 한정이 있는 정력을 쓸데없는 곳에 허비할 수는 없다는 생각 때문이었다. 그래서 글을 읽을 때 불교에 관한 말이 나오면 읽어 내리지 못했다 한다.

온종일 경사(經史)를 토론하고 의리를 변질(辨質)하면서 끊임없이 담론하였으나 권태를 느끼지 않았다. 또한 친척과 친구의 서찰이 걸핏하면 상자에 가득 쌓였으나 절대로 남에게 대신 쓰게 하지 않고 일일이 직접 써서 답을 보냈다. 그 중에 경서를 토론하고 예의를 강론한 편지는 수천 글자나 되었지만 모두 붓만 잡으면 즉시 완성되어 머뭇거림이 없었다.

선생은 글을 읽다가 의심이 있으면 오랫동안 사색하면서 잊지 않고 마음속에 저장해 두었다가 다른 책을 읽거나 남과 담론을 통하여 그 뜻을 이해하기도 하였다. 또 한밤중 취침한 자리 위에서 묵묵히 고구(考究)하여 깨달은 것이 많았는데, 새벽에 일찍 일어나 이를 기록하였으니 그것이 경서질서(經書疾書)이다.

덕행 부분에서는, 어머니에 대한 효성, 종친들에 대한 보살핌, 친소와 지위를 막론한 주변 사람들에 대한 애정 등을 기록하였다.

어머니 권부인(權夫人)의 병이 위독하여 혼절하자 자손들이 둘러앉아 부인의 몸을 붙들고 숨이 끊어지기를 기다렸다. 그때 선생은 밖으로 나가 칼로 열 손가락을 베어 그릇에 피를 받아 와서 입에 흘려 넣어 소생시켰다. 부인은 미음을 마시고 사람들과 말을 주고받으며 여러 날을 연장하였는데 부인의 마음을 상하게 할까 염려하여 집안사람들에게 단지(斷指)한 일을 발설치 못하게 하였다.

선생의 선대 묘역이 섬계(剡溪)에 있었다. 송추(松楸)를 금양(禁養)하기 위하여 종족의 가노(家奴)를 모아 윤번으로 순찰하였는데, 인심이 똑같지 않아서 통솔이 되지 않았다. 할 수 없이 돈을 모아 계를 조직하고 이식을 불려 남은 돈이 있으면 여러 종족들이 나누어 썼다. 일찍이 잉여금 열다섯 꿰미를 가져와 바치자 선생은 이를 받아 두고 서울 안의 종족 중에 누가 생활이 가장 급박한가? 하고 묻고는 조금 전에 받은 돈은 잉여물이라고 하면서 즉시 종족 중의 곤궁한 사람에게 나누어 보내주고 한 푼도 남겨두지 않았다.

뜨거운 여름 한낮에 논을 매던 농부가 갑자기 더위를 먹어 인사불성이 되어 강시(僵屍)가 되었다. 선생은 급히 여러 사람에게 일러 나무 그늘 아래에 안치하게 하고 직접 경혈(經穴)을 찾아 침을 놓고 청심환(淸心丸)을 갈아 먹여 깨어나게 하였다.

어느 겨울날 새벽에 일어나 마을 사람들이 탄식하는 소리를 듣고 그 까닭을 물었다. 그러자 북촌의 아무개 아내가 한밤중에 아이를 낳았는데 그 남편이 마침 출타하여 국을 끓여줄 사람이 없고 방의 온돌도 냉골이어서 뻣뻣하게 얼어 죽었다는 것이었다. 이에 선생은 바삐 그 집에 가 문밖에 서서 이웃의 노파를 불러 심장 부근에 약간의 온기가 있으면 그래도 살릴 수 있으니 들어가 살펴보라고 하였다. 그 노파는 살펴 보고 나와서 가슴에 한 점의 온기도 없다 하니 선생은 이미 살릴 수가 없구나 하며 슬퍼하면서 돌아왔다. 이런 점에서 선생의 사람을 사랑하는 품성이 친소(親疎)와 존비(尊卑)를 구별하지 않고 똑같이 사랑하는 마음을 볼 수가 있다.

어머니 권부인이 별세한 후 재산을 나누어 분가할 때 종사(宗祀)가 중요하다고 하면서 비옥한 토지와 젊고 건장한 노복은 모두 종가에 부쳐 제사를 받들게 하였다. 자질구레한 키와 빗자루, 솥을 씻는 솔 등의 여러 집기들도 낱낱이 종가로 돌리고 척박한 토지와 변변찮은 노비를 일곱 집이 나누게 하였다. 여러 형과 누님들은 원래 가산이 있어서 풍족하였으나 선생은 생활할 만한 다른 재산이 없었다. 집안사람들이 모두 더 주려고 하였으나 선생은 거절하고 가난을 달게 여기니 고을 사람들이 매우 의롭게 여겼다.

아들 정랑공(正郎公 孟休)이 만경 현령(萬頃縣令)으로 부임하여 그 고을에서 나는 물품을 보내자 선생은 물리치고 받지 않으면서 "백성에게 거둔 것이 십 분의 팔구분이니 이는 비리이다. 이것으로 어버이를 받드는 것이 옳은 것인가? 나는 내 집에 있으면서 농사지어 거둔 것으로 스스로 살아가기 충분하니 이런 짓은 하지 말라" 하고 꾸짖었다.

훈의 부분에서는, 집안 형편에 따른 예법의 간소화를 주장한 일화, 검소함을 좋아하고 사치함을 싫어한 일화 등을 기록하였다.

대대로 벌열(閥閱)의 집안이어서 제사하는 범절이 꽤나 풍성하였다. 부학공(副學公)이 별세하여 가산(家産)이 조금 쇠락하게 되자 선생은 "아버지는 대부(大夫)가 되고 아들은 사(士)가 되었으면 대부의 예로 장례를 치르고 사의 예로 제사를 지낸다. 소뢰(小牢)나 특돈(特豚)을 쓰는데 각각 차등이 있어서 감히 등급을 넘지 못하는 것이 옛날의 제도이다. 지금 우리들은 호적에 편입된 평민으로 받는 녹봉이 없으니 반드시 가난에 이르게 될 형편이다. 제사 지내는 예절을 고치지 않고 이전부터 하던 대로 하여 오로지 풍성하게 차리기를 힘쓴다면 궁핍하게 된 뒤에는 국과 밥으로 제사를 받들고자 하더라도 어렵지 않겠는가. 지금 바로 삭감하여 한 집안의 예를 정함으로써 후손들이 이어가도록 하는 것만 못하다" 하고 제수(祭需)를 대폭 줄였다. 인척과 종족들이 모두 지나치게 보잘것없다고 하였고, 비웃고 비난하는 사람도 있었다. 그런 뒤 얼마 지나지 않아 여러 대를 벼슬하는 큰 집안이 가산을 탕진하여 심한 경우 제사를 지내지 못하거나 지내더라도 의식을 갖추지 못하니, 그제야 선생의 밝은 식견에 감복하였다.

선생은 어릴 때부터 화려한 비단옷을 싫어하여 검소함을 좋아하고 사치함을 싫어하였다. 권대부인(權大夫人)이 새 옷을 지어 강제로 입게 하면 그때마다 여러 날 동안 부끄러워하였다. 장성하자 거친 베옷을 입고 소가죽 띠를 띠었는데 간혹 대로 만든 띠를 띠었으며 소가죽 발막신을 신었다. 30년 동안 하나의 관(冠)을 썼으며, 간혹 중멸평량립자(重篾平凉笠子)를 썼는데 무환자(無患子) 갓끈을 사용하여 두 가닥을 턱밑에서 교차하고 남은 것은 아래로 드리웠다. 당시의 친척과 친구들의 의관은 모두 아름답고 우아하였다. 선생의 이런 의복을 보고는 지적하며 비웃었으나 역시 아랑곳하지 않고 일생 동안 한결같이 하였다.

의론 부분에서는, 세상을 경륜하려는 의지와 노력, 남에게 검소함을 권면하는 성품 등을 기록하였다.

선생은 집안 꾸리기를 한결같이 절약을 으뜸으로 삼아 아침저녁에 끼니로 먹는 밥 이외에는 절대로 술을 빚어 음식을 차리는 일이 없었다. 당시에 일찍이 여러 종족들이 모여 삼두회(三豆會)를 베풀었다. 삼두는 콩을 갈아서 끓인 죽 한 그릇, 황권저(黃卷菹) 한 그릇에 청국장[豆豉鹽醬] 한 그릇을 아우른 것이다. 해마다 변하지 않는 규례로 삼았으니, 이는 검소함을 앞장서서 인도하려는 것이다.

선생은 벼슬하지 않는 평민의 처지에 있었으나 항상 이 세상을 담당하는 것을 자신의 임무로 삼았다. 멀리는 지난 시대의 성패와 잘잘못의 원인을 인용하고 가까이는 우리나라의 옛 제도와 고사(故事)를 참고하여 폐단이 많은 정치를 바로잡아 백성들을 이롭고 편안히 살게 하기를 생각하였다. 그 결과 『곽우록(藿憂錄)』 한 책을 지어 나라를 다스리고 백성을 구제하는 위대한 계책을 빠짐없이 논하여 집에 소장하였다. 그리고는 이 계책이 지금 시행되지는 못하더라도 후세에 만일 채택되고 시행되어 평범한 한 남편과 아내가 그 혜택을 받게 된다면 내가 죽은 뒤에라도 어찌 큰 행복이 아니겠는가 하였다.

선생이 언젠가 손님을 대하여 오래 사는 나무의 옹두리로 만든 술잔을 꺼내어 술을 권하였다. 이어서 선대부(先大夫)께서는 시를 짓고 술을 마시면서 즐겁게 담론하는 것을 좋아하셨소. 그 때문에 사람들이 좋은 술잔을 얻게 되면 모두 가지고 와서 드렸다오. 또 외가(外家) 영제군(寧堤君)의 집에서 전해 온 것이 적지 않기 때문에 집안에 전하는 술잔은 묘한 모양의 희귀품이 많다오. 어느 날 형제들이 모여 술을 마실 적에 한두 개씩 나누어 갖기로 의논하여 옥배(玉杯)·호박종자[珀鍾]·유리·청라(靑螺) 중에서 자기 마음에 좋아하는 것을 갖기로 하였소. 나는 사치하는 것을 꺼려 단지 질박한 나무잔을 취하여 나무 상자에 넣어놓았더니 사람들이 모두 비웃었지요. 지금까지 여러 집에서 소장했던 것은 하나도 남은 것이 없고 오직 나의 나무 술잔만 아직까지 예전 물건으로 전해오고 있지요. 여기에서 사람들의 집안에 진귀하게 간직한 것은 오래 전하는 물건이 아주 적음을 알게 되었소. 나무 표주박의 순수하고 질박한 것만 못하니, 검소한 것을 싫어하고 사치스러운 것을 좋아하기 때문이 라고 하였으니, 선생의 천성이 그러하였다.

이상과 같이 선생의 진면목을 빠짐없이 자세히 기록하여 후인들이 성호의 학문과 덕행 등을 직접 대한 듯이 느끼게 하였다.

結 言

성호는 몸소 체험한 사회적 모순과 고단한 민생을 해결할 방안을 실증적 분석과 비판을 통해 체득하였다. 그는 『성호사설(星湖僿說)』과 『곽우록(藿憂錄)』 등의 저술을 통하여 자신의 개혁사상을 펼쳐놓았다. 토지와 농경 생산의 중요성을 깨닫고 이를 중심으로 한 토지 제도를 개혁하고자 하였다. 성호는 83세를 살면서 한 번도 벼슬에 나가지 않은 채 은둔형의 학자로 살다가 학문 연구와 후진 양성에 매진하던 안산의 첨성리(瞻星里)

에서 생을 마감하였다.

조선 후기 18세기 실학의 선구적 역할을 한 학자는 성호이다. 반계 유형원이 17세기에 실학의 단초를 연 학자라면 다산 정약용은 19세기에 이를 집대성하여 완성한 학자이다. 성호는 평생을 두문불출하며 학문에만 전념하여 넓고 깊은 학해(學海)에서 노닐었다. 그는 천문 · 지리에서 일반 민속에까지 통하지 않은 바가 없었던 큰 학자였다. 그의 많은 저술과 후인들이 남긴 장갈(狀碣) 등의 문자에서 그가 이룩한 학문과 사상 등을 충분히 알 수 있을 것이다. 그러나 그런 문자에서 볼 수 없는 성호의 세세한 내면을 엿볼 수 있는 문헌으로는 이 『언행록(言行錄)』만한 자료가 없을 것이다. 이제 이 『언행록』을 공간하여 문세(問世)하는 바이니, 이로써 더욱 깊고 정밀한 성호 연구에 일조가 되기를 기대하는 바이다.

성호 이익 연보

성호 이익 연보

이익(李瀷)

본관은 여주(驪州), 자는 자신(子新), 호는 성호(星湖)

1681년 10월 18일 아버지 하진(夏鎭)과 그의 후부인 권씨(權氏) 사이에 운산에서 태어났다.

1682년 아버지를 여읜 뒤에 선영이 있는 안산의 첨성리(瞻星里)로 돌아와 어머니 권씨 슬하에서 자라나 그의 조고다질(早孤多疾)의 생애가 시작된다.

1690년 10세가 되어서도 글을 배울 수 없으리만큼 병약했으나, 더 자라서는 둘째 형 잠(潛)에게 글을 배웠다.

1705년 25세 되던 해에 증광시에 응했으나, 녹명(錄名)이 격식에 맞지 않았던 탓으로 회시에 응할 수 없게 되었다.

1706년 9월에 둘째 형 잠은 장희빈(張禧嬪)을 두둔하는 소를 올린 때문에 역적으로 몰려 17, 18차의 형신(刑訊) 끝에 47세를 일기로 옥사하였다. 이익은 이 사건을 계기로 과거에 응할 뜻을 버리고 평생을 첨성리에 칩거하였다. 바다에 가까운 그 고장에는 성호(星湖)라는 호수가 있어서 그의 호도 여기에 연유되었고, 그 고장에 있던 그의 전장(田莊)도 성호장(星湖莊)이라 일컬어졌다. 그는 여기에서 조상에게서 물려받은 토지와 노비, 사령(使令)과 기승(騎乘)을 이어, 재야의 선비로서 일평생 은둔생활을 할 수 있었다. 그 뒤로는 셋째 형서(潊)와 사촌형 진(溍)과 종유(從遊)하며 학문에만 전념하였다.

1715년 35세에 어머니 권씨를 여의어 복상(服喪)을 마치고서는 노비와 집기를 모두 종가(宗家)로 돌려보냈으나, 형제자질에 대한 은애(恩愛)가 지극해 실제로는 일가의 지주가 되었다.

1727년 47세 되던 해에 조정에서 그의 명성을 듣고 선공감가감역(繕工監假監役)을 제수했으나 나가지 않았다. 그러나 세월이 지남에 따라 가세는 퇴락되었고, 이익 부자의 오랜 질역(疾疫)은 쇠운을 재촉하였다.

1744년 64, 65세 때에 이미 등의 좌달(痤疸)이 악화되었고, 70세가 넘어서는 일찍이 괴과(魁科)로 급제해 예조정랑 · 만경현감을 지낸 외아들 맹휴(孟休)마저 오랜 병고 끝에 죽었으며, 70세 후반기에 들어서는 반신불수가 되어 기거마저 불편할 지경이었다. 그 동안에 가산도 탕진되어 만년에는 한 명의 고노(雇奴) 외에는 송곳을 세울 만한 전지도 없으리만큼 영락하였다.

1763년 83세 되던 해(영조 39) 조정에서는 우로예전(優老例典)에 따라 그에게 첨지중추부사로서 승자(陞資)의 은전을 베풀었다.

1763년 12월 17일 오랜 병고 끝에 죽었다. 유해는 선영이 있는 첨성리(현재 경기도 안산시 성포동)에 안장되었다.

성호선생언행록 원문

星湖先生言行錄

先生性酷嗜書自幼獨坐靜室中手卷不釋權大夫人每窺見喜曰兒不待課督勤苦如此吾無憂矣

先生幼與諸童同學諸童成誦卽止掩卷遊戲先生記性絶人殆能過目成誦然常不自足必精究細繹使上下文勢意義通透歷落然後止盖先生之學自少至老多資於思故嘗擧管子思之思之又重思之思之不得鬼神其通之之語曰思之之久忽然領解者此使是鬼神通之

先生旣冠往謁族兄白鵝堂公漬鵝堂公以經術博洽聞於世見先生謙愼甚愛之雜擧經史子集嘉言懿行諄々教諭先生曰小子久易遺忘請書以歸卽請紙筆書之有疑再三質問鵝堂大驚異曰吾閱學子多矣如爾誠勤未嘗或見異日必成大器

先生少與諸宗人隷業日暮席散先生夜坐張燈追理日間未卒之業至曉不寐人或曉出見窓間燈影指以相告曰此公尙不睡矣

森煥少與先生之孫九煥同學頗事記誦不解研賾先生每戒曰若曹頗有記性涉獵雖多到年紀衰耄霜降水落之後漠然消亡都不能思起故讀書之要在於深造自得吾少時記誦不爲不多到今都忘之惟書中自得處方是吾有若曹異日必思吾言悔無及矣

崔斯文昌傑納刺請謁問操存省察之要先生謝曰某晚始志學誦習經傳而已存養之工未嘗理會崔再三懇請先生曰無已則靜乎動靜不違表裡交正爲居敬之方而用工則必先於裡與靜正其裡則表可以自正靜時敬則動不違敬故靜時正裡爲入頭處

趙直長丈守弘攣其胤憓來訪時憓初登第直長丈曰兒子少年登科不知立身事君之道盍以一言教詔俾終身服行於是憓請教先生曰盍讀書凡行己接物事君臨民之道皆在於書歸而求之有餘師矣

先生燕居諸子侍先生曰讀書不在貪多亦不以誦習爲能惟考求義例鉤探深明而後方始爲有用之學若徒習文句誇博聞富則是猶買櫝而還珠也試擧一二詩之小旻章或聖或否或肅或艾或哲或謀分明是洪範之五事而其上章曰匪先民是程匪大猷是經其云先民必指箕子而言大猷洪範也此謂不法箕子不遵洪範五事之義或作或輟不恒其德故淪胥以敗也如是看上下語脉豈不歷落貫徹耶若以先民謂泛稱先古賢聖大猷爲治國大法則都沒分曉春秋弑逆之罪何等竆天地亘萬古之惡名而趙盾良大夫也許世子止善居喪特以不越境不嘗藥加之以弑君之罪聖人必不以一時一事之失而遽加此名則是必有其實犯其不越境與知其謀遲徊以俟之也不嘗藥藥以弑之也因文求義其事可見秦風無衣之詩觀同仇二字其義自著蓋犬戎者周秦之所共讐故欲待王師之興修矛同仇而王無意報讐故此詩所以刺之也如戍申戍許之詩亦刺平王之事讐則平王於是乎無所逃罪矣凡觀經史雖三回研索猶懼不得作者之旨其可忽諸若曺念之

先生於書無所不觀無所不究極其義摭其長而取爲己有惟生平所不觀者三書仙佛家語稗官荒誕之說灾祥分野星命風水諸術數之書一不遮眼曰豈可以吾有限之精力枉費於無用之地耶是故凡觀文字遇佛家語讀不能下

先生於第二兄剡溪三兄玉洞兩先生敬事之如嚴父四兄處士公年紀稍近故時相嬉戲處士公嘗調之曰自少好觀書終不識水滸傳妙處一不掛眼如爾眞天下之庸品也先生曰然則我且一觀取書略涉一過舍卷曰千言萬語都是機詐終必壞人心術且關勝勇將也張順忠義也勒陷爲强盜其設心不正如此直欲火其書矣處士公曰安有以義理繩稗官者耶相視一笑

我伯氏嘉煥嘗進謁先生問曰佛家七處求心其說云何伯氏一一條對先生笑曰秖此一箇心求之有道何事張皇尋覔此亦好辯之習爾然誨人則亦不可無此術然疑答問使自得之然後方能有效若順口道說洪纖不遺則聽者未易深曉

玉洞先生教後學必先自庸學論孟始讀必過千通曰學有本末先通乎天人性命之理孝悌忠信之道立其根基然後方及他書則庶無遊騎外騖先生則不然先教之數與方名次及史書使心智開明通曉文理然後方授經傳曰苟於文理不能通曉則古聖賢微言奧旨何能領解耶是故玉洞門人莫不忠信篤實操履純正而或不足於文華遊先生之門者卛多文質彬彬有用於當世者

先生訓蒙未嘗口授句讀惟指示文勢語脉上下承接處使自究解當時雖若鈍滯得效甚速葢及門三年終無魯莽滅裂之士

先生少攻擧業凡科詩若表若策皆援筆立成嘗以策拔解增廣試宗中諸長老皆進謁權大夫人賀曰此兒幼孤能勤苦成立弱齡以策發解實門戶之福也權大夫人亦爲之嘉悅室家相慶先生終不形喜色後因試闈錄名違格見拔人莫不歎惜先生獨無懊恨意慨然曰小小科名有何關係一得一喪喧擾至此此足以觀俗尙自是益專精斯學而當世之志益衰

先生少喜吟詠發舒情性而皆津津理趣絶無風花哰呀之語嘗有詩曰山溪似鏡魚

難隱草偶無心鳥不驚識者已賞其理致

先生每日早起盥洗謁廟退坐整襟手卷不釋差晩課諸學子書遠近士友踵門請謁與之討論經史辨質理義亹々談說終日不倦親戚故舊書札動輒盈篋一一手書答之終不倩人代書其中論經講禮之書縷々屢千百言皆援筆立成未或濡滯至如內外宗婦女諺札亦皆登時書答語皆切於各人之身終無循例漫應之言以其間應人家碑碣誌狀之請雖舂容大篇每取鉛槧起草順筆書過旣成篇不過一再繙閱或有三數字改定未嘗見一句半行塗乙日以爲常雖耆耋之秊未或惰廢大抵精力絶人非凡夫所可倣像

先生自少至老惟讀書談道而外更無餘事雖家務緊切者事至順應事過輒復對卷終不以繁冗留着心界

先生嘗語諸子弟曰吾讀聖人之書有年頗識聖人之心恨無沃心法方寸間多少所蘊不能傳與爾曹也

先生之學不尙華藻不務辯博惟以篤實有用爲主故每觀書其有裨於修齊之工義理彌密者輒指示諸子曰此爲大義理此是修省之要此爲經國大猷一々敎詔俾有以體念諸子始看之若閑漫文字不省其有深義及聞先生訓旨始覺

先生觀書有疑久久思索藏在心中不忘後觀他書或與人談論有可以相照互發者輒解其義又於深夜就寢後枕上默究多所領悟晨起輒欣然有得取筆硯記識諸子以此知夜來有妙契

先生晩喜易詩年旣耆耋遇靜暇之辰取國風繫辭諸書諷讀深玩遇神融意會處不覺擊節嘆賞至或感激垂泣

逝川李公道經養誠齋趙公守謙俱李畏菴栻門人也逝川嘗訪先生稱述畏菴撰堂室銘之義甚詳其大意以爲心比之堂腎比之室天君晝居於堂應事接物夜則歸宿于室云云先生難曰心腎二臟部位各異誠如堂室之分凡人在堂室空在室堂空方天君歸宿之際心爲之空而腎具二臟晝出在堂腎虛其半耶逝川不肯服先生遂以書質之畏菴畏菴答書引月令天氣下降地氣上升及朱夫子感興詩秋月在寒水登語模糊爲說先生再書論辨究極到底凡屢數百言畏菴貽書養誠齋云安山再書來其說極浩繁卒難梳洗出將俟閒隙作答云久後書答云依丁先生罕言之誡不欲多辯云々無所辨明蓋畏菴遊愚潭丁先生之門故其言如此先生歎曰義理公天下之物甲乙互爭彼是則此非惟當不主己見往復論辨務歸理當此學問之要務曾謂畏菴之篤實而惟己言之務勝終欠求益之意耶明道先生曰爲我謝介甫不有益於介甫必有益於某嗚乎似此氣像何可復見玉洞先生見先生二書深許其詳密斥畏菴之學曰此近禪味仍有詩云吾門聖仲能心學開發詳明有子心聖仲卽玉洞門人鳴山尹公揆一之字子心先生初字也詩出於志喜之意云鳴山亦嘗與養誠齋論辨其義各主師說終不相下及鳴山末年養誠齋來訪夜語頗穩鳴山忽指中庭月色曰彼晃白者何物養誠齋曰月也鳴山曰非月乃月光也遂各無語諸侍坐者莫測何謂明日私問於鳴山鳴山曰往昔星湖翁與李畏菴書辨堂室銘之義畏菴膠守己見不肯明白道破吾師先生亦斥畏菴之非至比諸禪學光叔乃畏菴門人故篤信其師旨余與之辨爭者屢終不回余與光叔別久矣白首相見或望其能改前說試以月色叩之其答猶夫前日惜也抱鄉人士至今傳爲儒門好話

先生嘗曰載籍極博窮老矻々終未可盡讀々亦不能盡記豈不難哉余始讀虞書舜典註雲徂乎方未詳出處嘗遇李悅道意於客席詢之答云是在韓文公黃陵廟碑文歸而考之無有後鄭甥舜熙來訪偶語及之鄭甥曰是在揚子法言取視則果有之夫以悅道之聰博經傳註說尙有不通曉處鄭甥特一凡俗擧子能知悅道之所不知博洽豈足恃俗士其可忽諸是故讀書不必務博惟在精之而已精則知者知之不知者不害其爲不知

先生觀書雖片言隻字未嘗放過故能得作者之旨嘗撰家禮疾書家藏家禮板本甚多訛舛先生一々正之曰此必某字之誤此當爲某字如此凡十數處金沙溪家禮輯覽亦有一字正訛先生曰沙溪說得是詳著疾書中後得一善本校之一々不錯始信先生之於書精密詳審非一切麤心人所可幾及余嘗與諸人士校讐疾書人或曰旣得善本是正先生所識誤字處直刊去無妨余曰留此使後人知先生之觀書有法也

井地之制後世無徵三代改溝洫朱夫子固嘗疑之九一什一終與孟子其實皆什一之訓牴牾不合箕聖平壤之制田而不井先儒講解莫得其詳先生嘗講究其制以爲夏后氏方五十而爲一夫之授殷人不改溝洫而以夏時二夫之田授一夫開方則爲七十畝周人不改溝洫而以殷時二夫之田授一夫開方則爲百畝殷人七十畝之內除出七畝爲公田周人百畝之內除出十畝爲公田如此則不改溝洫自成七十百畝之制且與孟子什一之訓沕合旣著爲成說質之玉洞先生玉洞先生笑曰吾不知古制之如何而以此爲制則十分穩便

先生嘗寢疾彌留我先人侍藥床下邵南尹丈順菴安丈後先來集留住扶護嘗夜深後伺先生寐追理前日講討未盡之說末及四七理氣之辨互相難疑爲說頗繁先生卧微聞其語遂力疾起坐謂之曰中庸序曰或原乎性命之正或生乎形氣之私語類曰四端理之發七情氣之發此便是這話無甚難曉只緣高峯分析太過與老先生費辭往復遂成海東儒家一大案而中國元無此等話端若使華士見之豈不一噱耶且須擔却閑話着力於心身家國眞實有用之學懋成大業勉旃々々余時隅坐目見到今追思猶作日事

嘗有衆村兒水盛細小川魚傳觀先生命取來置前黙坐細察群魚游泳而樂或相遊戲或相追逐投之飯粒争來食之近人輒避匿先生曰魚至微也亦莫不有七情其趍利避害者與人不殊但絶無四端發見處朱夫子理發氣發之訓至此益驗

先生嘗曰授小兒書吾專心課讀則兒便順口咿啞一有他念間之字句舛錯不成文理從他人觀之吾之語默動靜未嘗異於前一念之忽其應立見誠之感物如此

先生酷嗜觀書經傳之外諸子百家語及後代文人漫筆靡不畢觀嘗至人家偶閱明人文集序曰詩云物其多矣維其旨矣在多乎貴其旨也先生曰其言極有理物不以多爲貴惟其旨之取開卷有得豈不信然乎

門人弟子講質經傳苟有一言中窾發揮精義又或論前代史乘其於成敗得失之故名物制度之詳能有獨得之見則先生必喜形于色曰然乎思之誠然奬詡不置遍賛賓客雖後生末學片善必取寸長不遺故學益博見益閎泰山不讓土壤河海不擇細流所以成其高大

先生曰君子日用言動應事接物之際不可斯須忘敬忘敬則便自喪德可不懼哉持敬之工有四整齊嚴肅主一無適程夫子訓也常惺々法尹和靖語也其心收斂不容一物謝上蔡語也朱夫子敬齋箴一一該說而總結之曰靜動不違表裏交正此其一篇之要領也如正其衣冠尊其瞻視潛心以居對越上帝此靜時敬正表以正裏足容必重手容必恭擇地以蹈折旋蟻封此動時敬正表以正裏卽整齊嚴肅之工也出門如賓承事如祭戰々兢々罔敢或易此動時敬正表以正裏卽常惺々法也守口如瓶防意如城洞々屬罔敢或輕此靜時敬正裏以正表卽其心收斂不容一物之工也不貳而二不參而三維心維一萬變是監此靜時敬正裏以正表卽主一之工也不東而西不南而北當事而存靡他其適此動時敬正表以正裏卽無適之工也其下須臾有間私欲萬端不火而熱不氷而寒此靜有違裏不正也毫釐有差天壤易處三綱旣淪九法亦斁此動有違表不正也上下語脉通透歷落間架井々條貫燦然學子於此細心玩繹造次存心奉持不失則庶乎其能敬矣夫

先生曰心不可一刻放忽不然應事接物動生過咎可不懼哉是故操存之要在靜時

著工事應旣接心已忘動卒難收拾得住易曰君子終日乾々夕愓若厲無咎

先生曰敬愼二字常著在心頭念々不忘終身用之有餘裕

先生居則手未嘗釋卷對客酬話惟談道說經終日無倦色外此更無一事關心看書有疑心藏不忘見客必問有得則喜形于色苟其言之有可採不以後生晚學而或忽訓誨後進未嘗一口順說必微示一端待其憤悱而後啓發使深曉洞解而止課童蒙書亦不先授句讀必指示其上下文勢語脉使自得之間有愚鈍者或移晷不能自解旁觀亦欠伸倦極而終不改其矩度葢其學不厭教不倦天性然也記昔先生之喪小子文以祭之曰昔子貢贊夫子曰學不厭智也教不倦仁也以余觀於先生殆能仁具智也乎

祭文又曰愽而要和而嚴淸而不激儉而不嗇介而不矯好古而不泥守正而不求異於人好學而必求其用嘐々然樂其道而不求知八十年如一日非我先生其孰能與於此諸門人學子皆曰先生之道德學問殆能形容得盡

先生嘗裒集退陶嘉言懿訓纂錄成書名之曰道東錄葢謂朱子之後惟退溪傳其道也托門人順菴安公讐校且曰存拔惟君意無問我平日信順菴深故專委之如此順菴書請改書名以李子粹語先生辨書可之又作李子粹言序送之旣卒業送邀先生一閱嫌其篇目繁瑣有欠雅正語諸子曰伯順於書分析太過又曰當初命名有意存焉何必改因舊可

先生嘗曰行役甚妨於學自啓程前三數日行事關心鞍馬僕從道塗盤纒皆費心營辨及其帰返筋骸憊困心神散亂待閑養數日心安氣降然後方始復理前業大禹猶惜寸陰吾輩枉費了幾多日子豈非可惜學者以此知先生之學多在主靜窮理

憶在癸酉冬先生偶感寒疾擁衾而坐諸子列侍先生論及洋學曰西士分數之學也精於推步巧於籌計其星曆之法幾何之術水車之制其他名物度數之論皆窮極奧妙若其學術則誣誕虛妄殆類女巫謊說蓋其俗尙鬼其人夛習幻眩之術故專以鬼神之說慢天誣人無倫悖理而其言卑淺罅漏百出其事天節度一如僧徒之事佛恠奇悖駭不忍正視爲士者苟讀幾卷經訓則安有受其斯誣之理哉但世之夸誕好名者自計其學術才識無以踰人則於是藉天主之說以爲天下古今之第一義務欲自高於一世又有愚鈍蔑識之徒驟聞其說從而風靡影附莫可禁斷其禍有不可勝言者吾不及見若曹必躬睹其事須毋忘言吾有以自拔於波蕩之中也

先生之學不在於言議之末而貴其心得不尙乎浮文而惟務實用此是古聖賢眞正學問路頭大學三綱八條孰非實際語嘗手著邵平泉願爲眞士大夫不願爲假道學一轉語揭諸壁上

先生生而仁孝自孩提未嘗或拂權太夫人之志一意順適人皆異之及長怡愉承奉跬步不忘孝權太夫人疾革神識已昏言語不通子孫男女方環坐持體以俟氣絶先生忽出外刀裂十指出血承以器入而灌下少頃復甦能與人酬酢强進粥飮得延多日先生慮傷太夫人之志戒家人諱言裂指事

先生生于副學公謫所雲山郡明年副學公下世先生以不識先考面爲平生至痛及遭權太夫人喪三年蔬糲毁幾滅性到老猶悲慕不已或語及先父母輒泫然出涕咽不成聲壬戌週歲欲行追服與諸門人講定其制邵南尹公以禮經所無再三諫止先生遂不服終歲齊居憂悴若苫廬不赴筵不聽音樂

辛酉周甲日子弟門生皆侍寢至鷄鳴先生獨起冠帶上舍後剡溪先生墓前俯伏號哭時方冬寒淚漬衣袖皆凍比明家人覺之齊往扶將而歸生朝卽十月十八日

先生每當生朝輒益愴慕禁不得設酒至是門人或齎酒殽來進先生强擧一盃家人乘此會略以餠肉進先生無辭與諸生其餐蓋不欲堅拂諸生之意云

先生有一姊早寡性褊每歸寧或以情外譙責先生涕泣被面巽辭諭解姊亦感悟情愛篤至至老如一未嘗失言面

先生年將七十有姊之喪喪在原峽先生傷痛成疾不能卽赴宗中諸老人咸來慰解先生泣曰姊弟俱七耋歸者順也何所遺憾但孤露以後兄弟姊妹共八人凋喪已盡惟姊弟二人在今又喪逝新悲舊痛塡塞胸臆不能自制爾過三月葬後始往赴朝餔後之墓伏哭日夕不起諸人勸止扶歸是夕疾大作日益深重從叔正郞公星夜往護屢瀕危域越三箇月天幸回陽氣力綿綴無以鞍馬作行遂乘舟由水路歸

先生歸語家子弟曰余方病劇昏昏似夢非夢之間忽得句云天地無私無棄物病人頭上日揚華此爲不死之讖

先生遇宗族曲有恩禮見窮乏者必盡力周濟雖甁粟垂罄不計也又或聞宗中尊屬忌日貧不能祭輒愀然曰某親某位忌日闕享而我獨飽於心安乎遂以斗穀送之曰羹飯菜果足以盡誠何必盛設

森煥嘗守廬湖西留妻子剡中時値歲荒頗窮窘先生曰渠旣在遠其妻兒窮窘如此非我周濟於何依賴頻使人探問或不擧火輒以穀累繼之賴以不飢

剡溪一曲屢世族葬我本生先人專掌禁養松楸之事聚集宗人家奴丁輪流巡察而人心不一無所統屬遂鳩錢結稧收息資利時有贏餘諸宗分用嘗以餘錢十五緡來納先生受置問森煥曰京中宗族誰最急者對曰某得益窘先生曰俄所受錢實剩物也欲以周宗人之急卽令分送不留一錢

我先人四歲而孤幼時患痘症形危急見者皆云難醫先生蚤夜憂勞目不交睫衣不解帶尋醫問藥竭誠救護終得無事先人每曰其時事余尙記得非季父篤愛何能延生至此

先生博該衆理旁通醫藥凡臟腑脉理之會疾勢傳變之條藥性攻補之品皆所深曉非俗醫可幾及人有疾病來禀輒指示其治方族人之疾必躬往診視雖卑幼婦女之病聞其深重未嘗不往不避蚤夜寒暑

村氓赤日中鋤禾卒中暑癨全無省覺已作僵屍先生急令多人舁來安置樹蔭下親自按穴下針磨淸心丸灌之病者之母適他出後至見丸藥金泥冒在牙齒頓足曰吐黃糞不能咯出傍人曰非糞乃藥滓也其母益感激良久始漸回甦夕暮遂歸

先生嘗冬日晨起聞里人咨嗟聲問故曰北村某之妻中夜產子其夫適出無人備饔飯房堗又冷僵凍死矣先生忙至其家立門外呼隣媪入視曰心窩裡微溫則尙可活出曰全身凍直心胸無一點溫先生曰已無及矣嗟傷而歸其仁民愛物之性無親踈尊卑莫不爲之一視同仁

族人家有一處子早喪父母又無兄弟親屬嫁笄失時孑然無依先生大憐矜收置家中邑中士人有中歲喪配者遂與議親略具麁布衣裳嫁之于歸之後理產生男家道稍成

先生兄弟五人伯氏靑雲公早歿無嗣以我本生先人置後二兄剡溪先生遭禍三兄玉洞先生四兄處士公皆出後居遠我本生先人幼不能幹家先生獨自在家侍養權太夫人及權太夫人下世我本生先人亦旣長成將析產先生曰宗祀爲重何恤餘人擇田地之膏沃婢僕之少健可役使者悉付宗家使奉祭祀什器諸物雖微細如箕帚鼎刷之類一々歸之其餘薄惡田土孱劣婢僕七家分執諸兄諸姊原有家業亦皆饒

足惟先生無他財産可資活家人咸以爲言欲爲加贏先生辭謝曰甘貧寠鄉人大義之李畏菴栻嘗遊安廣之間歸語諸生云聞一鄉公議某先生字之賢行不一而足其中析産一事尤人所難及云

先生恥俗儒外飾不貴太拘檢惟以整齊嚴肅爲主巾帶必整飭身體必平正步履安重辭理明暢視瞻不回容色端嚴學子進謁始則毅然若不可犯及夫造拜顔溫氣和言笑衎々使人如春風中坐在莫不心醉

凡動作事爲雖微細不少放忽朝夕進飯長少列坐婢子以次擧案前進至卑幼皆畢然後方始擧匙終無匙箸聲盤中惟菜醢二器或有魚肉度喫不多初不下箸不欲使啖餘汚棄食竟三飧必於湯水中匙抄殘飯啖之不留一粒曰穀粟者民命所寄豈可不惜天物使粒米狼戾耶

每朝盥頮轍洗後茵席間水無點滴諸子欲效爲而不能

正郎公釋褐除漢城主簿將入京供職辭退日先生誡曰汝掌犴獄以敲榜爲事凡民吏有罪苟可以遲延必經宿乃决不然乘怒治人刑或過濫經宿之後心氣和平且益審愼

正郎公嘗謁告歸覲適有饋魚五尾者頗新鮮睦夫人欲留作先生饌需日熱易敗囑正郎公送人官府求氷先生追聞誚讓正郎公曰汝久遊京輦欲視效貴富家移風耶吾輩貧賤魚不至餒則斯食之何求新鮮

平居饌品惟醢菜或有魚肉則去醢大槩不得過二器正郎公旣赴萬頃任官供頗豐心甚不安書禀曰旣爲邑長朝夕饌需增加一二器不至大戾否先生答書曰作一縣宰遽殊於前耶由儉入奢易無變於常公後歸曰雖二器者魚肉美品比前不

啻太侈

正郎公赴萬頃時奉睦大夫人以行葢夫人本鄉在淳昌而淳距頃不遠先生以其錦還許其行獨自在家朝夕饋食付婢使安穩過活正郎公以邑物奉饋先生却不受曰凡斂於民者八九是非理以此奉親可乎吾在吾廬耕獲所收足以自奉無煩此爲

孫九煥酷嗜讀書每對卷咿唔不休先生呵曰讀書貴自得何不精究奧妙徒事囉嘍爲口耳之學終無進益

余與二兄俱年少時病躁急婢使不如意則輒呵叱繼以捶撻先生誡曰彼小賤人何能每事盡如吾意苟以不如意而隨事必治則人將不堪若體程夫子之訓動心忍性則自無此失晶也慈々則愛人森也通々則恕物各因其長而勉之

余少時見有賣新樣妙筆者遂買取摩挲愛惜座客皆傳觀歎其精巧先生偶見之問何從得此對曰買之矣先生不怡者良久曰蓄私貨買玩好者豈子弟之道耶余惶汗浹背不敢復把

先生每誡諸子曰門內之治雖主恩亦不可以不嚴正男女之位嚴內外之節然後家道成故家人嗃々雖厲亦吉婦子嘻々終吝

又曰婦人之職不越乎中饋故曰無攸遂婦人而有遂不幾於牝晨之索耶

舊家世族日漸窮匱往々爲鄙汚之行先生常慨然謂人曰無祿則貧々則飢々則終至於放僻奢侈故救飢之道莫如忍飢々而不至於死則斯可矣古今異宜身旣爲士難以親鄙事殖貨營生又非君子之當爲吾輩目前之務惟節食耐飢之外無他道

余爲童子時見有客入門而右循庭東進至堂前又折而西升堦拜謁客去余輩頗疑怪其故先生曰客好禮者年少不敢當賓禮故循庭東而進少頃又曰禮不在是

有客持烟竹太長先生問何爲是冗長客曰短恐爇衣先生曰爇衣尙可恐爇君之行客慙悚

喪內出入者於喪笠內絞藁草如環絰糊紙以安其頭近俗嫌其重刳竹爲圜中爲井字井內作小篇戴之先生嘗見族子持衰者戴此誡之曰喪笠深簷自處以罪人不欲見人今面與簷齊縱目四觀已非居喪之儀且絞藁比首絰尙輕何故舍此取彼喪笠亦可以巧飾耶

嘗有賣新鞍者族人始欲買取以鐙非銀飾却之先生訓之曰向者惟宗室武將穿銀鐙爲士者恥不近身余嘗見人有事深緊將出借乘於武將將上馬見銀鐙燦然却立趦趄行不可以停止故强顔騎往比其返猶大羞赧曰今日路上恐遇相識曲躬垂頭而往歸亦如是今欲買鞍嫌其非銀鐙却之風俗之變一至於此耶

嘗有乞客攝弊衣冠立庭畔叫化婢以一楪米授之客曰須一經堂上監視先生知其意嫌少謝曰貧甚不能優濟客無辭受而去先生心異之觀其容狀肩背竦直步履徐重儼然有有道氣像忙使學子復邀請陞堂先生問其居住曰本以某郡人竆老無依行乞資生問何業曰乞者有何業先生命酒相勸禮以送之客去未遠先生呼諸子指示曰客隱君子也觀其九容無一不合於典則非飭行君子而能如此乎若曹須以客爲師黙察而效法之可也

森煥自幼受知最深屬意鄭重每曰是子有心他日必能有成余與元陽實爲從祖昆弟先生命結爲親兄弟又出孫婦相拜爲親嫂叔且余踈放年踰三十未有居第先生隔一岡有別墅形局雖小園圃井々種果成行特擧以授之曰亦足以尋室居止且喜

汝兄弟兩箇越岡相從講學爲便近因戒之曰學然後有見識有見識然後明於人倫明於人倫然後能盡人之道今之人埋頭沒脚於功令文字至於斯學都廢不講如此者雖能文章工詞藻與能言之鸚鵡何殊

又曰古今文籍汗牛充棟而人之聰明有限何能一一記誦務在識其要歸而已凡古書中身心性命微妙精密之理飭躬理家孝悌忠信之行遇宗族處鄕黨應事物善交際誠愼篤敬之工居官任職事君莅民一切經世之道這便是要歸觀書遇此等文字須涵心嘿識銘在心肝以爲終身修用此是讀書之要方若務記覽專誦說求以誇博鬪富又或尋章摘句以資應俗文字者此不過書癡而已

先生旣踰耆耋每與客講說經史精神減損往々思不起必呼如達問其說云何如達元陽小字也元陽應聲對無滯一有遺忘不能詳對先生輒曰不材不材方余年少每讀書有切於用者靡不識有久々不忘若父亦然至汝身便庸鈍如此據此訓辭先生之少日聰博可想

森煥嘗進謁先生問方讀何書對曰讀尙書被私冗牽掣不能專一先生曰待身閑無事時讀書則終身無讀書之暇生事々生省事々省小子念之㦲

先生曰李東皐相國與退溪南冥兩先生道義相交期許甚重東皐嘗曰健仲量狹盍惜之也南冥以尙瑞直長赴召至京從容非心將棄歸欲一見東皐爲別往至門値東皐入內佇立良久東皐曳大套鞋徐步出來相見南冥語以將歸東皐曰尙瑞直長好矣然則欲爲持平正言乎何東皐之待南冥太輕也或曰東皐欲試南冥之量東皐必無挾貴驕人之意則是必有爲而爲然身爲上相雖吐哺捉髮爲勤猶懼賢者之不屈況戲侮至此耶退溪之還山東皐又有山猫之譏名德大臣一言一動爲具僚矜式而惟以善謔爲事則此終是東皐之失二先生不以芥意退溪之陛辞　宣廟訪人才對曰無踰首相先輩相知之深此可見矣

先生曰退溪從容禮法不踰尺寸南冥介特獨立有壁立千仞之像退溪每以此短之南冥之毁撤淫婦家退溪曰將謂是亭々物表皎々霞外一淫婦失行何足亂我心境而躁擾至此又嘗論其學曰終是老莊爲祟蓋責備賢者之意也南冥少不爲慊終無一言半辞侵逼退溪此是南冥高處及聞退溪之喪泣曰生同庚居同道七十年終無一面此非朋友悼亡之語蓋傷吾道之日孤也

先生曰南冥之門末流不能無弊鄭寒岡愛梅種梅百株名曰百梅園崔守愚曰梅有何德癖好如是瞰寒岡之亡也帶人往盡斫百梅寒岡之癖於梅未必是大過而斫之盡無內過耶其受禍之源未必不在此等處

先生曰我三兄玉洞公嘗曰退溪豈朱子以後可復得之大賢耶此是玉洞眞知退溪之語

先生曰玉洞公待人渾然一團和氣故踵門之士莫不心醉風流貴介如南原公子尊慕愈篤殆如七十子之心服公嘗住明禮坊第公子造謁必於外門外下馬而入後公移家入抱之玉琴山洞宅已易主公子過其門輒下曰是大賢之舊居敢不敬乎嘗往謁于玉琴洞遙望里閭卽下馬而徒敬禮罔懈彼戰國四君不過蓄貨養士設爲名高而已何嘗尊賢慕德若此之誠篤㦲嗚乎亦賢矣

又曰玉洞公嘗得金剛山萬瀑洞石上梧桐霹靂震死者爲琴音韻淸亮每松間月下拊絃動操聲達四隣公歿後公子來請借琴家人出付公子馬上橫抱而歸曰此天下絶寶寧可付賤隷之手求公手書玉洞二字刻之琴腹又取公琴銘托公門人尹都事德熙書于其下而刻之皆金塡其字時嘗振宮拂羽以自愉快及病將死歎曰玉洞調絶矣遂送還本家似此信義求之古人亦難多得

余嘗侍坐有傑鉅丈夫入門而聲曰我南原君也遂前進拜謁容止軒昂言議忼慨語

次曰吾嘗使燕識得兩箇字先生問何字曰過大遼野而後識野字見醫巫廬山而後識山字我東何嘗有高山鉅野又曰見燕京城堞雄壯城上可五馬作隊而行雖不留一卒防守任從我國人匍匐踰越終未可攀躋一二級已而辞去先生目送之曰海東偏邦亦有此箇俊人耶

先生曰君子文質彬々然後可以成章若質有餘而文不足終歸於野玉洞公訓誨門人專致力於經訓諸子百家語皆未嘗留意故其於天理民彝非不熟講而終少成章之人如尹聖仲玉洞門人尹鳴山揆一字之篤行君子亦不能大成

從叔正郎公嘗赴謁聖試以天雨中止先生聞之甚喜曰昔南坡洪先生將赴會試値雨不入試圍曰科擧胡大事不惜父母遺體任其沾濕受傷此固難及今兒能如此吾無憂矣

又曰南坡公言中倫行中淸一事不苟嘗與李致政諸公肄習程文時增廣試已近有人從外至曰聞某當主試先搆問策題密藏不示人余囑其家人得之諸公皆喜而搆草南坡獨斂手端坐諸公問胡不製答曰身爲士子豈可預製試題及入試圍果出其題諸公皆欣然書呈南坡又不肯製諸公問旣無宿搆亦有何嫌答曰吾已先聞此題立心如此一言一行豈容絲毫詐僞

先生曰仲氏剡溪公志尙高邁身在布衣一心憂愛造次必形於色辭嘗與諸族子夜飮聯句賦詩余亦在末席諸詩皆喩弄風月文酒歡讌之語公有句云塡壑堪悲吾百姓下咽寧忘古三嘆座皆嘿然氣沮彼凡夫俗子何嘗有此等句語耶

先生曰伯氏靑雲公天才出倫自幼出語必驚人如有時客到長松下盡日溪流亂石間一聯殆犯神境膾炙一代但壽僅二十七歲未及成就其才故每一篇之內不免有疵病惜也公記性絶人雖春容大篇一覽輒記我先君子不能然或四五過始成誦然

一誦之後一字未嘗錯終久不忘公則雖能記誦而語助之於等字每患錯亂再三重繹終不能精此其短壽之徵歟

先生曰杜詩老夫淸晨梳白頭玄都道士來相訪歐陽永叔以爲無意味至日使退之作必不如此後人以退之昔在四門舘晨有僧來謁爲杜詩一套語譏永叔妄言然此猶皮殼語未造眞境老人髮禿搔痒反甚於少年時達宵爪爬終不快意淸晨起而理髮密梳々之垢屑乱落便覺頭輕眼豁十分淸快曾謂永叔未達此境耶又永叔謂吾之明妃引杜甫不能作李白能作巫山高李白不能作惟吾能作何永叔之文章鉅儒眞宗君子而反效輕薄詩人妄自夸大之語也以今觀之二篇未必是好詩盖永叔於詩道未深造故信口說去不知其爲妄惜也

先生曰介甫嘗有詩曰黃昏風雨打園林殘菊飄零滿地金永叔以詩譏之云秋花不比春花落憑杖詩人仔細看介甫聞而笑曰歐九不讀書之過也騷云夕餐秋菊之落英此又永叔之失言凡古詩中失意落托者通謂之飄泊飄零如杜詩飄零酒一杯之類可證黃菊之爲風雨飄搖委倒在地者獨未可謂飄零耶詩道尤未可以辞原意也

先生曰李白詩即無論托意深遠下語淸新其聲調勁健遒壯儘有氣力如燕山雪花大如席片片吹落軒轅臺石梁橫靑天側足履半月等語讀之令人脑次爽然

先生曰先大夫使燕路傍石壁有詩云不知滄海何時變笑倚層雲問太淸下云淮南吳光義先大夫以爲匪風下泉之思駐馬咨嗟爲詩歎美余嘗觀馮錡經濟類編云門人淮南吳光義校竊謂馮錡宿儒故其門人有似箇高士後偶閱他書則光義乃流賊之雄爲闖賊主贊畫者則詩意盖欲皇明之速亡也余又髮竪心憤悔前之誤認其意人之無良胡至此極凡觀前人詩作者之主意未必能領解而邪正從以貿亂可勝歎哉安知三百篇無此論詩豈不難哉

先生曰代降俗弊學問道廢間有修飾之士每患不誠不誠無物能做得甚事苟以忠信持心不期誠而自誠夫子之道專主忠信庸學宗旨皆在於誠聖賢豈欺我哉

先生曰王文中之學甚不純正每欲自擬於聖人則此其僭妄之罪也然窮老讀書閱理甚衆故間多格言其見識高於人一等嘗曰聞謗而怒者讒之囮也見譽而喜者佞之媒也或問止謗曰無辯此皆切至語眞處世之要訣也如房杜諸賢皆出其門輔佐唐宗終致貞觀之治其功豈淺尠哉後之章句小儒槩以爲邪學而一切擯斥之則過矣

先生歎曰人之所以異於禽獸者以有五倫也五倫不明與禽獸奚擇觀今世君臣父子夫婦之倫未可謂全廢至於長幼朋友二倫都不講修視猶弁髦故穉小而慢侮耉長者比々有之朋友而欺詐相賊者比々有之不但行之者無少顧憚見之者亦不以爲恠末俗之弊一至於此㦲惟嶺南一域卽先賢輩出之鄕其流風餘敎尙有不泯者苟老人矣雖素不相識必端肅拜見恭執弟子之職朋舊之間或有患難窮苦無遠無邇竭心同力期於救拔而後已士風之美視他州罕有其比此可謂五倫具備之鄕嗚乎微嶺南吾誰與歸

先生曰聖廡從祀何等重典而前朝五賢多未可曉如安文成㕣羽翼斯文嘉惠後學且泮宮刱設皆出其手有功於聖門如此其偉無容議爲其餘諸人未聞以道學名世至於崔致遠作書佞佛背棄聖學彼名位隆赫文詞噪世而全尙異敎如此一世之奔波理所宜然麗末釋徒之害至於禍人家國安知非此人倡俑且新羅將亡其舊臣世族宜如何痛恨衋傷而乃以黃葉青松等語密贊王氏之業人臣分義豈容若是學術邪妄倫綱斁絶在聖門固宜鳴鼓之不暇而反躋從祀之列滓穢學宮何㦲余謂史官秉筆當用莽大夫之例後順菴安公撰東史一依嗣訓直書云

鄕隣族人之喪有族子自謂解事初終諸節唯意專决頗犯汰哉之誚先生聞之曰昔退陶先生赴人葬端坐一席嘿無一語一少年子挺身出位窆贈諸禮一々指導擾聒

不休長老戒之曰此座未必無知禮者何獨乃爾曰適無習禮者恐誤大禮不得已也長老曰座有李退溪其人慙赧氣沮而退盖退溪之目見其妄舉含嘿不言者乃所以爲退溪東平尉鄭載崙嘗吊親戚之喪值大斂入棺主家豊饒多用紬絮補空故大斂博大両邉皆出棺外指許衆匠人持削匾小木中木俗名中木用以入棺者四面圍集約之令入而不得群議皆云改棺外無他道將擧屍安故處尉始無一言立視而已至是乃進前呼一匠指示一處曰約之又呼一匠指示一處曰捍之又指示一處曰斂之又指示一處曰按之周回數四果得入棺旣了事退就故位盖紬絮細軟■■移平正故如此尉之始而不言者不欲自眩也及見其窘迫始進而指導免致主家狼狽君子哉若人持身愼重処事精當此後生之所當師範

先生曰國有藎臣則不但昌言宏猷動合機宜其平生行己無一不出於正誠忠動一世信義服衆心雖夷虜仇敵莫不嚮風尊敬故國家以賴誠以國朝事言之方弘立之爲虜嚮導嚆矢內警朝野震懼遣行人諭解弘立問張顯光鄭經世諸公在朝否曰爵位隆顯俱列清要弘立曰數公賢人君子其出處大節必無不正然則吾事誠妄耳遂罷兵束身歸朝兵不交而禍卽解壬辰之燹嶺南一路先被其禍朝廷急差金鶴峯爲慶尙右監司單騎馳赴路遇倭寇充斥不得前遂下馬踞胡床坐神色自若倭望見羅拜而去葢鶴峯前使日本廉潔正嚴倭人大感服故至是一見其面致敬而去及未車駕住湾上賊勢益張倭請一見漢陰李先生漢陰匹馬入倭營諭以誠信而歸夫二先生以孑然一身周旋於賊陣劎戟之間而倭賊不惟不敢加害盡敬禮服如此非忠信之夙著而能之乎吾先祖敬獻公嘗按北關節丕闡儒化文敎彬蔚一路人士心々愛戴如父母北胡亦聞風敬信不敢生釁邉境晏然雪山輕重係於一人者不其身乎

有一親識濱海築堰多占良田沃壤水門築洩非以石爲之則實難永遠無弊而費入不貲頗憂歎先生誨之曰始先鑿木爲門以備目下之急每到秋穫歲出三二包殖利不出五六年石門可成其人出曰先生道學之盛所不敢妄議而如家人營産之事其識慮施措亦非凡人所幾及旁有人曰古之君子才智亦出人遠故能辦大事成大業

若如後世曲儒膠守何以經濟一世

家世閥閱祀享之節始頗豐盛及副學公下世家業稍落先生曰父爲大夫子爲士葬以大夫祭以士小牢特豚各有等差不敢僭踰古之制也今吾輩編戶無祿必至於貧匱祭祀一節若因舊不改專務豐設及到窮乏之後雖欲羹飯以享能無窘乎不如及今裁損定爲一家之禮今後可繼遂商酌古今劑量奢儉定爲六籩六豆三鼎之制果四品幷脯脩乾鱐爲六籩菜四色幷食醢魚醢爲六豆魚鷄肉羹各一器以備三鼎之數又魚肉二盤卽俗所稱肝南米食麵食飯羹幷酒合二十二品炙三串每獻各進一串如是定制比前不啻减損姻親宗族皆以爲太薄或有訕譏者曾未幾何故家世族產業蕩尽甚或闕祭雖祭亦不成儀始服先生之明見

先生晩年又曰天子七廟其實四廟幷太祖廟文武世室爲七諸侯五廟其實四廟幷太祖廟爲五大夫三廟其實二廟幷始祖廟爲三其無始祖廟者亦許祭曾祖以滿三廟之數適士二廟官師一廟庶人無廟祭禰於寢歷代同然未嘗改易至程夫子有高祖有服不可不祭之訓朱子家禮因之然此皆有官者之禮非匹庶所可通行程氏之廟因伊川而得立則此爲明驗也今使無位之士得祭四代其有始祖不遷之廟者與諸侯五廟少無差等不已僭乎我國世祿之家身雖無官當與氓庶有別若用古適士之制祭及祖禰則揆之禮律人情實爲允愜因以祭祖禰爲家間定制遺訓子孫令世世遵行及再從弟九煥之喪三年旣畢先生祠版搨遺訓當祧埋時升堂高足皆已下世惟順菴安丈在世故余具書稟祧埋當否則安丈答書云旣已遵成命行之僕不敢妄論而先生此論僕得見於易簀之後心有所疑雖欲稟問而不可得更欲質之先府君而因循未果至今爲恨云々因擧王制祭法之文及我國制叅互論辨大意以祭三代爲當故余復以古今禮及先生定制之義詳悉仰報安丈深以爲然答書曰今見援證古禮考據明白又推明我師門本意更無疑晦何等快幸云々

先生自幼厭却綺紈喜儉惡奢權大夫人製新衣强令着之輒羞赧數日及長衣麤布

之衣帶牛皮之帶間帶竹帶履牛皮套鞋三十年一冠間戴重篾平凉笠子纓用無患子兩條交於頷下垂其餘時親戚朋舊皆衣冠都雅見先生冠服無不嗤點亦不卹終老如一嘗曰今人稱無患子爲防築纓然非也防築纓本指蓮子蓮生水中多在陂隄間故爲防築今蓮纓廢不用無患子盛行故人皆順口因前稱俗諺之傳訛多此類昔寒暄金先生常繫蓮子纓每中夜正坐嘿誦經訓蓮子觸擊几案有聲故家人以此知先生誦經云然蓮子楕長且重終不如無患子輕便故捨彼取此

先生於人曲意謙謹尤重敬耇之禮雖儕友之間壽躋耆耋以上必加意敬重婢僕之賤年老髮白者亦未嘗斥呼其名必擧其子而呼曰某之父某之母

一學子方進謁道遇雨衣裾盡濕望見先生開門坐不敢疾趨正容徐行先生呼曰雨沾衣何不疾行及入門拜謁先生曰足容雖不可不重天雨滂沱豈可膠守古訓不顧沾體耶末世學者多不肯脚踏實地專務外飾求異於衆往々如此々非美事須切戒之

有一士人始勤學業中忽志學矻々讀經修飾儀貌間踵門請業先生察其誠力不足誡之曰君能自拔於流俗有志斯學儘不易得但爲學有道能篤學向上勉々不已懋成大業則豈非吾儒極工苟立志不固或爲名利奪志或因窮貧易節始勤終怠進銳退速則於德爲售爲士者將笑之君試自思量果不至中輟否其人嘿然不能對而退歸數日謂家人曰久而思之吾自難保其終始如一復事學業如故

婢子嘗進盥盤及階誤跌仆灑水滿階履屨皆汚濕先生不誚責問無傷乎婢羞赧對曰無傷時族姪進士公楨休年高於先生偶在傍曰羹爛汝手乎益以劉寬之事比之也

先生少時飮酒或至二三杯酷嗜淸明酒每稱其釅厚絶佳到晩歲曰朝夕之飯不食則飢誠不可廢酒則剩物也雖終身不飮亦不妨事都是客氣所使飮或不節必至於

亂喪德失儀害不可勝言且無故損穀又非可繼之道不若斷之於早遂終身不沾脣

先生平生不喫葱蒜等葷菜曰身不淨潔又妨座人

先生與我本生先人叔姪兩家同巷相望而居先生理家一以節約爲主朝夕飯之外絶無釀酒設饌之事時嘗會諸族人設三豆會三豆者硏大豆作粥一噐黃卷菹一噐幷豆豉塩醬一噐歲爲常葢欲以儉倡譽之也我本先生先人酒戶甚寬飮可十許杯不醉然居家未嘗執杯惟以延賓勸酌爲樂故座客常滿多設旨酒美肉勸之必酩酊而後已先生每悶歎曰天之生財只有此數費一分則損一分何故不惜天物歸於花費非但客之濡首喪儀大失禮敬無位匹庶破費如此家道何由成哉

先生一以節食惜費爲念或遇非時餌饌可免於飢不復進食每俗節薦獻各有時食正朝有餠羹上元有棗栗飯重三有花糕流頭有角黍水團餠中秋有薦新稻餠重陽有菊糕冬至有赤小豆粥先生於是日令家內不設飯嘗曰食以充傷則斯已矣其餘皆濫也今人雖醉飽之餘必以朝夕飯爲大食不可廢强擧一二匙狼藉及於諸羞此何義意華人不然多以饅頭餠麵之屬代飯每笑朝鮮人重大食令人大羞赧

先生八十年窮老林下市朝紛譁漠然無涉至邦憂民瘼事有係國家大計者則必深憂遠慮若己當之寢食爲之靡安至或忼慨下泣葢其憂愛一念不以居窮而少懈也

先生身在韋布常以斯世爲己任遠引前代成敗得失之故近稽國家掌故思以矯捄弊政利安元々撰藿憂錄一篇備論經濟大策蔵之家嘗曰縱不能行乎今後世若有採而行之使一夫一婦得蒙其澤則雖身死之後豈非厚幸

先生平居和順樂易不事矜飾故日用言動若無異常人細而察之頭身必正直動容必徐重口不出鄙悖之言體不設惰慢之容非病未嘗不長跪而坐故袴之當膝處先

穿襪背每弊壞

先生嘗對客出長生木瘤杯勸酒仍曰先大夫喜詩酒歡讌故人有得美好盃斚皆來獻遺又自外家寧堤君乃傳來者不少故家傳酒噐多妙樣稀品一日兄弟會飮議分執一二玉杯珀鍾琉璃青螺惟其意所好余嫌其侈惟取樸樣野木杯木函盛之人皆嗤笑到今諸家所蓄無一存者惟我木杯尙傳舊物是知人家珍藏傳遠者絶少不如木瓢之眞㩗葢惡儉喜奢先生之天性然也後元陽謂余曰家傳木杯今忽見失余偶啓視杯無去處惟是空函此有何好被人偸竊咄々不已余曰木函護藏所以誨盜若任置几席間人亦不顧

영인본 성호선생언행록

星湖先生言行錄

先生性酷嗜書自幼獨坐靜室中手卷不釋檡大夫人每窺見喜曰兒不待課督勤苦如此吾無憂矣

先生幼與諸童同學諸童成誦即止掩卷遊戲先生記性絶人殆能過目成誦然常不自足必精究細繹使上下文勢意義通透歷落然後止蓋先生之學自少至老多資於思故嘗擧管子思之思之又重思之思之不得鬼神其通之之語曰思之之久忽然領解着此便是鬼神通之

先生既冠往謁族兄白我堂公涓鶴堂公以經術博洽聞於世見先生謙愼甚愛之辭擧經史子集嘉言懿行諄諄敎諭先生曰小子久易遺忘請書以歸卽

請紙筆書之有疑再三質問鶴堂大驚異曰吾閱學子多矣如爾誠勤未嘗或見異日必成大器

先生少與諸宗人肄業日暮席散先生夜坐張燈追理日間未卒之業至曉不寐人或曉出見窓間燈影指以相告曰此公尚不睡矣

森煥少與先生之孫九煥同學頗事記誦不解研賾先生每戒曰若曹頗有記性涉獵雖多到年紀衰耄霜降水落之後濆然消亡都不能思起故讀書之要在於深造自得吾少時記誦不爲不多到今都忘之惟書中自得處方是吾有若曹異日必思吾言悔無及矣

崔斯文昌傑納刺請謁問操存省察之要先生謝曰

某晚始志學誦習經傳而已存養之工未嘗理會崔再三懇請先生曰無己則靜乎動靜不違表裡交正爲居敬之方而用工則必先於裡與靜正其裡則表可以自正靜時敬則動不違敬故靜時正裡爲入頭處

趙直長丈 守和 學其胤子應來訪時應初登第直長丈曰兒子少年登科不知立身事君之道盍以一言教詔俾終身服行於是應請教先生曰盍讀書凡行己接物事君臨民之道皆在於書歸而求之有餘師矣

先生燕居諸子侍先生曰讀書不在貪多亦不以誦習爲能惟務求義例鉤摘探賾而後方始爲有用之學若徒習文句誇博鬪富則是猶買櫝而還珠也哉

第一二詩之小旻章或聖或否或肅或艾或哲或謀
分明是洪範之五事而其上章曰匪先民是程匪大
猷是經其去先民必指箕子而言大猷洪範也此謂
不法箕子不遵洪範五事之義或作或輟不恒其德
故淪胥以敗也如是看上下語脉豈不歷歷貫徹耶
若以先民謂泛稱先古賢聖大猷爲治國大法則都
沒分曉春秋弑逆之罪何等關天地亘萬古之惡名
而趙盾良大夫也許世子止善居喪特以不越境不
嘗藥加之以弑君之罪聖人必不以一時一事之失
而遽加此名則是必有實犯其不越境辭知其誅
遲徊以俟之也不嘗藥藥以弑之也因文求義其事
可見秦風無衣之詩觀同仇二字其義自著蓋大哉

者周秦之所共讐故欲待王師之興修矛同仇而王
無意報讐故此詩所以刺之也如戊申戊戌許之詩亦
刺平王之事讐則平王於是乎無所逃罪矣凡觀經
史雖三回研索猶懼不得作者之旨其可忽諸者曾
念之

先生於書無所不觀無所不究極其義撫其長而取
爲己有惟生平所不觀者三書仙佛家語稗官荒誕
之說灾祥分野星命風水諸術數之書一不遮眼曰
豈可以吾有限之精力枉費於無用之地耶是故凡
觀文字遇佛家語讀不能下

先生於第二兄剡溪三兄玉洞兩先生敬事之如嚴
父四兄處士公年紀稍近故時相嬉戲處士公嘗謂

之曰自少好觀書終不識水滸傳妙處一不掛眼如
爾眞天下之庸品也先生曰然則我且一觀取書略
涉一過舍卷曰千言萬語都是機詐終必壞人心術
且關勝要將也張順忠義也勒陷爲強盜其設心不
正如此眞欲火其書矣處士公曰安有以義理繩稗
官者耶相視一笑
我伯氏嘉煥嘗進謁先生問曰佛家七處求心其說
云何伯氏一一條對先生笑曰祇此一箇心求之有
道何事張皇舉此亦好辯之習爾然辯人則亦不
可無此術然疑答問使自得之然後方能有效若順
口遣說洪纖不遺則聽者未易淵撓
玉洞先生教後學必先自庸學論孟始讀必過十遍

曰學有本末先通乎天人性命之理孝悌忠信之道立其根基然後方及他書則庶無遊騎外鶩先生則不然先教之數與方名次及史書使心胸開明通曉文理然後方授經傳曰苟於文理不能通曉則古聖賢微言與旨何能領解耶是故玉洞門人莫不忠信篤實謙簡能正而或不足於文華遊先生之門者學多文質彬彬有用於當世者

先生訓蒙未嘗口授句讀惟指示文勢語脈上下承接處使自究解當時雖若鈍滯得效甚速益及門三年終無曾莽滅裂之士

先生少攻舉業凡科詩若表若策皆援筆立成嘗以策拔解增廣試宗中諸長老皆進謁權大夫人賀曰

此兒幼孤能勤苦成立頗吟以策發解齊門戶之福
也權大夫人亦為之嘉悅室家相慶先生終不形喜
色後因試闈錄名違格見拔人莫不歎惜先生獨無
憫恨意慨然曰小小科名有何關係一得一失喧擾
至此此足以觀俗尚自是益專精斯學而當世之志
益衰
先生少喜吟詠發舒情性而皆津津理趣絶無風花
吟咏之語嘗有詩曰小溪似鏡魚難隱草偶無心鳥
不驚識者已賞其理致
先生每日早起盥洗謁廟退坐整襟手卷不釋差晩
課諸學子書遠近士友陣門請謁與之討論經史辨
質理義亹亹談說終日不倦親戚故舊書札動輒盈

篋一一手書答之終不倩人代書其中論經講禮之書纚纚屢千百言皆援筆立成未或濡滯至如內外宗歸女謝札亦皆登時書答語皆切於各人之身終無循例漫應之語以其間應人家碑碣誌狀之請雖耆舊大篇每取鉛槧起草順筆書過既成篇不過一再繙閱或有三數字改定未嘗見一句半行塗乙日以爲常雖耆耋之吟未或有廢大抵精力絶人非凡夫所可倣像

先生自少至老惟讀書談道而外更無餘事雖家務緊切若事至須應事過輒復對卷終不以繫戹留着心界

先生嘗語諸子弟曰吾讀聖人之書有年頗識聖人

之心悵無決心法方寸間多少所縕不能傳與門弟

也

先生之學不尚華藻不務辯博惟以篤實有用爲主

故每觀書其有裨於修齊之工義理彌密者輒指示

諸子曰此爲大義理此是修身之要此爲經國大猷

一一敎詔俾有以體念諸子始看之猶闊漫文字不

省其有深義及聞先生訓旨始覺

先生觀書有疑久久思索藏在心中不忘後觀他書

或與人談論有可以相照互發者輒解其義又於深

夜就寢後枕上默究多所領悟晨起輒欣然有得取

筆硯記識諸子以此知夜來有妙契

先生晩善易詩年旣耆耋遇靜暇之辰取國風繫辭

諸書諷讀深玩過神融意會處不覺擊節嗟賞至或
感激垂泣
述川李公道經養誠齋趙公守謙俱李畏菴栻門人
也述川嘗訪先生稱述畏菴齋撰堂室銘之義甚詳
其大意以爲心比之堂腎比之室天君晝居於堂應
事接物夜則歸宿于室云云先生難曰心腎二臟部
位各異誠如堂室之分凡人在堂室空在室堂空方
天君歸宿之際心爲之空而腎則二臟[illegible]晝出在堂
腎虛其半耶述川不肯服先生遂以書質之畏菴畏
菴答書引月令天氣下降地氣上升及朱夫子感興
詩秋月在寒水等語模糊爲說先生再書論辨究極
到底凡屢數百言畏菴貽書養誠齋云安山再書來

其說極浩繁卒難梳洗出將俟閒隙作答云久後書
答云依丁先生平言之誠不欲多辯云云無所辯明
蓋畏菴游愚潭丁先生之門故其言如此先生歎曰
義理公天下之物甲乙互爭彼是則此非惟當不主
己見往復論辨務歸理當此學問之要務曾謂畏菴
之篤實而惟己言之務勝後人求益之意耶明道先
生曰爲我謝介甫不有益於介甫必有益於其鳴乎
似此氣像何可復見至洞先生見先生二書深許其
詳密斥畏菴之學曰此近禪味仍有詩云吾門聖仲
能心學闡發詳明有子心聖仲即至洞門人鳴山尹
公揆一之字子心先生初字也詩出於忠喜之意云
鳴山亦嘗與養誠齋論辨其義各主師說終不相下

及鳴山來年養誠齋來訪夜語燗穩鳴山忽指中庭
月色曰彼晃白者何物養誠齋曰月也鳴山曰非月乃
月光也遂各無語諸侍坐者莫測何謂明日私問於
鳴山鳴山曰往昔星湖翁與李艮菴書辨堂室銘之
義艮菴勝守己見不背明白道破吾師先生亦斥艮
菴之非至此諸禪學光叔乃艮菴門人故篤信其師
言余與之辨爭者屢終不回余與光叔相別久矣白首
相別久矣白首相見或望其能改前說誠以月色喩
之其答猶夫前日惜也抱鄉人士至今傳爲儒門好
話

先生嘗曰載籍極博窮老訖〻終亦可盡讀〻亦不
能盡記豈不難哉余始讀虞書辨典註與十有未

詳出處嘗過李悅道意於客席詢之答云是在韓文
公黃陵廟碑文歸而考之無有後鄭斗卿來訪爲
語及之鄭斗卿曰是在揚子法言取視則果有之夫以
悅道之総博經傳註說尙有不通曉處鄭斗卿得一凡
俗擧子能知悅道之所不知博洽豈足恃俗士其可
諸是故讀書不必務博惟在精之而已精則知者知
之不知者不害其爲不知
先生觀書雖片言隻字未嘗放過故能得作者之旨
嘗按家禮疾書家藏家禮板本甚多訛舛先生一一
正之曰此必某字之誤此當爲某字如此凡十數處
金沙溪家禮輯覽亦有一字正訛先生曰沙溪說得
是詳著疾書中後得一善本校之一一不錯始信先

先生之於書精密詳審非一切麤心人所可幾及余嘗
與諸人士校讐疾書人或曰旣得善本是正先生所
識誤字處直刊去無妨余曰留此使後人知先生之
觀書有法也

井地之制後世無徵三代改溝洫朱夫子固嘗疑之
九一什一終與孟子其實皆什一之訓牴牾不合算
聖平壤之制田而不井先儒講解莫得其詳先生嘗
講究其制以爲夏后氏方五十而爲一夫之授殷人
不改溝洫而以夏時二夫之田授一夫開方則爲七
十畝周人不改溝洫而以殷時二夫之田授一夫開方
則爲百畝殷人七十畝之內除出七畝爲公田周人
百畝之內除出十畝爲公田如此則不改溝洫自成

七十百畝之制且與孟子什一之訓吻合旣著爲成
說質之玉洞先生玉洞先生笑曰吾不知古制之如
何而以此爲制則十分穩便
先生嘗寢疾彌留我先人侍藥床下邵南尹丈順菴
安丈後先來集留住扶護嘗夜深後伺先生寐追理
前日講討未盡之說末及四七理氣之辨互相難疑
爲說頗繁先生卧微聞其語遂力疾起坐謂之曰中
庸序曰或原乎性命之正或生乎形氣之私語類曰
四端理之發七情氣之發此便是這話無甚難曉只
緣高峯分析太過與老先生費辭往復遂成海東儒
家一大案而中國元無此等話端若使華士見之豈
不一噱耶且須擔却閒話着力於心身家國眞實有

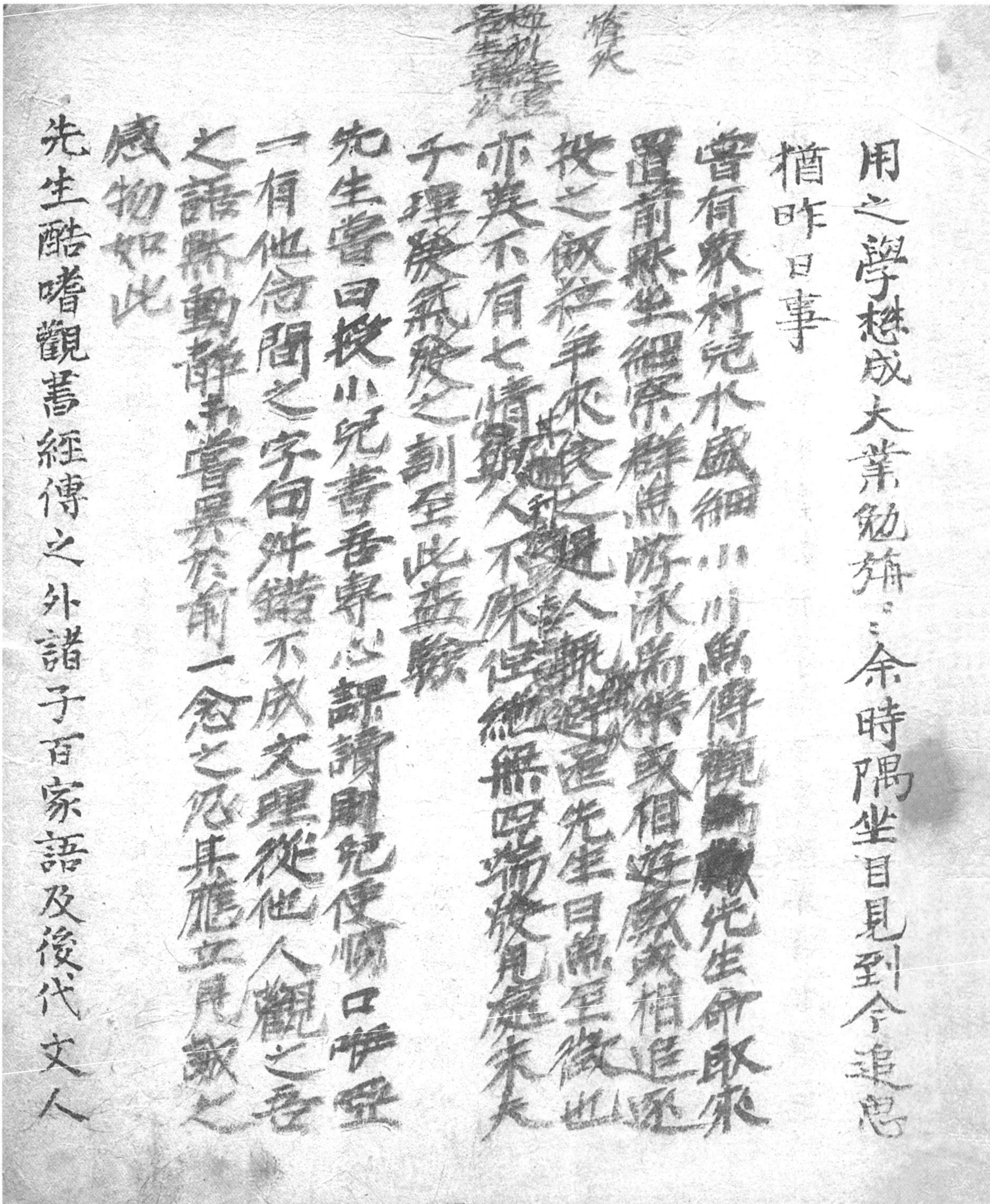

用之學樹成大業勉旃勉旃余時隅坐目見到今追思
猶昨日事
嘗有象村兒水盛細小川魚傳觀[illegible]先生命取來
置前熟坐細察群魚游泳[illegible]或個遊或相追逐
投之飯粒爭來食之[illegible]人[illegible]避先生曰魚至微也
亦莫不有七情[illegible]人不[illegible]從[illegible]無四端發見處[illegible]夫
于理發氣發之訓至此益驗
先生嘗曰教小兒書吾專心誦讀則兒使口舌[illegible]
一有他念間之字句舛錯不成文理從從人觀之吾
之語默動靜未嘗異於前一念之[illegible]其應[illegible]見[illegible]之
感物如此
先生酷嗜觀書經傳之外諸子百家語及後代文人

漫筆靡不畢觀嘗至人家偶閱明人文集序曰詩云物其多矣維其旨矣在多乎貴其旨也先生曰其言極有理物不以多爲貴惟其旨之取開卷有得豈不信然乎

門人弟子講質經傳苟有一言中竅發揮精義又或論前代史乘其於成敗得失之故名物制度之詳能有獨得之見則先生必喜形于色曰然乎思之誠然奬詡不置遍贊賓客雖後生末學片善必取寸長不遺故學益博見益明泰山不讓土壤河海不擇細流所以成其高大

先生曰君子日用言動應事接物之際不可斯須忘敬忘敬則便自悖德可不懼哉持敬之工有四整齊

嚴肅主一無適程夫子訓也常惺〻法尹和靖語也
其心收斂不容一物謝上蔡語也朱夫子敬齋箴一
一該說而總結之曰靜〻動〻不違表裏交正此其一篇
之要領也如正其衣冠尊其瞻視潛心以居對越上
帝此靜時敬正表以正裏足容必重手容必恭擇地
以蹈折旋蟻封此動時敬正表以正裏即整齊嚴肅
之工也出門如賓承事如祭戰〻兢〻罔敢或易此
動時敬[illegible]正表以正裏即常惺〻法也守口如甁防
意如城洞〻屬〻罔敢或輕此靜時敬正裏以正表
即其心收斂不容一物之工也不貳而二不參而三
維心維一萬變是監此靜時敬正裏以正表即主一
之工也不東而西不南而北當事而存靡他其適此

動時敬正表以正裏即無適之工也其下須臾有間私欲萬端不火而熱不氷而寒此靜有違裏不正也毫釐有差天壤易處三綱旣淪九法亦斁此動有違表不正也上下語脉通透歷落間架井井條貫燦然學者於此細心玩繹造次存心奉持不失則庶乎其能敬矣夫

先生曰心不可一刻放忽不然應事接物動生過咎可不懼哉是故操存之要在靜時着工事應旣接心已發動本難收拾得住易曰君子終日乾乾夕惕若厲無咎

先生曰敬愼二字常着在心頭念念不忘修身用之有餘裕

先生居則手未嘗釋卷對客酬話惟談道說經終日無倦色外此更無一事關心看書有疑必識不忘見客必問有得則喜形于色苟其言之有可採不以後生晩學而或忽訓誨後進未嘗一口順說必徵示一端待其憤悱而後啓發使深曉洞解而止講童蒙書亦不先從句讀必指示其上下文勢語脈使自得之間有愚鈍者或移晷不能自解旁觀亦欠伸倦極而終不改其度益其學不厭教不倦天性然也記昔先生之卒小子文以祭之曰昔子貢贊夫子曰學不厭智也教不倦仁也以余觀於先生殆能仁且智也歟乎

祭文又曰博而要和而嚴清而不激儉而不固介而

不矯好古而不泥守正而不求異於人好學而必求其用嘐嘐然樂其道而不求知八十年如一日非我先生其孰能與於此諸門人學子皆曰先生之道德學問殆能形容得盡

先生嘗取李退陶著述分類編成書名之曰道東錄益謂衆子之後惟退溪得其道正於門人順菴安公鼎校且曰存拔惟君意刪潤我平日信順菴故專委之如此順菴書請改書名以李子粹語先生撰書可之又作李子粹語序送之既而將送遯先生一閱燃其篇目嘆謂有大雅正誥諸子曰伯順於書分析太過又曰當初命名有意存焉何必改因舊爲可

先生嘗曰行役甚妨於學自來落程前三數日行事

關心鞍馬僕從道塗盤纏皆費心營辦及其歸返筋
骸憊困心神散亂待閑養數日心安氣降然後方始
復理前業大禹猶惜寸陰吾輩枉費了幾多日子豈
非可惜學者以此知先生之學多在主靜窮理
憶在癸酉冬先生偶感寒疾擁衾而坐諸子列侍先
生論及洋學曰西士分數之學也精於推步巧於籌
計其星曆之法幾何之術水車之制其他名物度數
之論皆窮極奧妙 [redacted] 若其學術則
誑誕虛妄殆類女巫荒說蓋其俗尚鬼其人專習幻
眩之術故專以鬼神之說慢天誑人無倫悖理而其
言卑淺鋪張百出其事天節度一如僧徒之事佛恠
奇悖駭不忍正視為士者苟讀幾卷經訓則安有處

其欺誣之理哉但世之夸誕好名者自詡其學術才識無以踰人則於是藉天主之說以爲天下古今之第一義務欲自高於一世又有愚鈍蔑識之徒驟聞其說[illegible]從而風靡影附莫可禁斷其禍有不可勝言者吾不及見若曹必躬睹其事須毋悔言吾有以自挍於波蕩之中也

先生之學不在於言議之末而肯其心得不尚乎浮文而惟務實用此是古聖賢眞正學問路頭大學三綱八條孰非實際語哉乎晉郁乎泉明而降士大夫不顧而假道學一轉語掛諸壁上

先生生而仁孝自孩提未嘗或拂權太夫人之志一意順適人嘗異之及長怡愉承奉跬步不忘孝權太夫人疾革神識已昏言語不通子孫男女方環坐持體以候氣絶先生忽出外刃裂十指出血承以器入而灌下少頃復甦能與人酬酢徐進粥飲得延多日先生慮傷太夫人之志戒家人諱言裂指事

先生生于副學公謫所雲山郡明年副學公下世先生以不識先考面爲平生至痛及遭權太夫人喪三年疏糲毁瘠滅性到老猶悲慕不已或語及先父母輒泫然出涕咽不成聲[illegible][illegible]過歲欲行追服與諸門人講定其制邵南尹公以禮經所無再三諫止先生遂不服終歲齋居憔悴若[illegible]苫廬不赴遊不聽音樂

辛[illegible]子弟門生皆侍殯至獨哺先生獨起冠
帶上舍後則漢先生叢前俯伏號哭時方冬寒涕漬
衣袖皆凍比明家人覓之齊從扶將而歸 (生朝即十月十八日)
先生每當生朝輒益愴慽不得設酒至[illegible]門
人或齎酒殺來進先生強舉一盃家人承此會略以
餅肉進先生無辭與諸生共餐益不欲堅拂諸生之
意云
先生有一姊早寡性褊毎歸寧或以情外譏責先生
涕泣被面婉辭諭解姊亦感悟情愛備至至老如一
未嘗失言向
先生年將七十有姊之喪殯在屏帷先生傷痛成疾
不能即起宗中諸老人咸來慰解先生泣曰姊弟俱

七耋歸者順也何所遺憾但孤露以後兄弟姊妹共
八人凋落已盡惟姊弟二人在今又落逝新悲舊痛
塡塞胸臆不能自制爾過三月葬後始往赴朝餔祭
之墓伏哭日夕不起諸人勸止扶歸是夕疾大作日
益添重從叔正郞公星夜往護屢瀕危域越三箇月
天幸回陽氣力綿綴無以鞍馬作行遂乘舟由水路
歸
先生歸語家子弟曰余方病劇時昏昏似夢非夢之間
偶得句云天地無私無棄物病人頭上日揚輝也爲
不死之讖
先生遇宗族曲有恩禮凡窮乏者必盡力周濟雖甁
乘垂罄不計也又以聞宗中尊屬忌日貧不能祭輒

愀然曰吾親吾位忌日闕享而我獨能於心安乎遂以
升穀送之曰莫微豚果足以盡誠何必盛設
森煥嘗守廬湖西留妻子於中時值歲荒頻餒窘先
生曰渠既在遠其妻兒窘若如此非我周濟於何依
賴頻使人探問或不繼大輒以穀帛繼之賴以不飢
剡溪一曲屢世族葬我平生先人專掌禁養松楸之
事聚集宗人家奴丁輪流巡察而人心不一無所統
屬遂鳩錢結稧殖資利時有贏餘諸宗分用嘗以
餘錢十兩搬來納先生受置閣森煥曰京中宗族誰
最急者對曰[illegible]先生曰微所用錢當剩物也
欲以周宗人之急即令分送不留一錢
我先人四歲而孤幼時患痘症形危殆風[illegible]時云[illegible]

先生晝夜憂勞目不交睫衣不解帶尋醫問藥竭誠
救護終得無事 先人每曰其時事余尚記得非李父
篤愛何能延生至此

先生博該衆理旁通醫藥凡臟腑脉理之會疾藥傳
變之候藥性攻補之品皆所深曉非俗醫可幾及人
有疾病來問輒指示其治方族人之疾必躬往診視
雖卑幼婦女之病聞其深重未嘗不往不避夙夜寒
暑

村氓赤日中鋤禾卒中暑瘴全無省覺已作僵屍 先
生急令多人舁來安置樹陰下親自按穴下鍼處清心
危難之病者之叔適從出後里見光先藥金泥胃在牙
齒頓足曰吐黃糞不能吟叫傍人曰非糞乃熱汗也

其吹盜感歎良久俗漸回甦夕暮遂歸

先生嘗冬日晨起聞里人咨嗟聲問故曰北村某之
妻中夜産于其夫適出無人備養飯房煖又冷僵凍
死矣先生忙至其家立門外呼隣嫗入視曰心間猶
微溫則尚可活出白全身凍直心胎無一點溫先生
曰已無及矣嗟傷而歸其仁民愛物之性無親疎尊
卑莫不爲之一視同仁

族人家有一處子早喪父母又無兄弟親屬嫁弃共
特于外無依先生大憐矜收置家中邑中士人有中
歲喪配者遂與議親略具麁布衣嫁之于歸之後
理産生男家道稍成

先生兄弟五人伯氏靑雲公早歿無嗣故以我本生先人

置後二兄剡溪先生遺稚三兄玉洞先生四兄處士
公皆出後居遠我本生先人初不能辦家先生獨身
在家侍養權夫人及權夫人下世我本生先人
亦既長成將析產先生曰宗祀爲重何必諸人擇田
地之膏沃婢僕之少健可役使者悉付宗家使奉祭
祀什器諸物雖微細如箕帚臼杵之類一二歸之宗
餘瘠薄田土與病弱婢僕六家分執諸兄諸姊俱得家
業亦皆饒足惟先生無他財產可資活家人咸以爲
言欲爲加贍先生辭謝曰甘貧窶鄉人大義之李長
楚械嘗遊安廣之間歸語諸生曰聞一鄉公議亦字先生
之賢行不一而足其中析產一事尤人所難及云
先生恥俗儒外飾不尚太拘檢惟以整齊嚴肅爲主

巾帶必整飭身體必平正步履安重齋莊明靜視瞻不回容色端嚴學子進謁始則毅然若不可犯及夫造拜稍久氣和言笑衎衎使人如春風中坐在其下心醉

凡動作事爲雖微細不少放忽朝夕進飯長少列坐婢子以次舉案前進至拜俯首畢然後方始舉匙終無匙箸聲盤中惟菜鹽二器或有魚肉度數不多初不下箸不欲使喫餘汚棄食竟三匙必於湯水中匙抄殘飯喫之不留一粒曰穀粟者民命所寄豈可不惜天物使枉米根戾耶

每朝盥頮櫛洗後當席間水無點滴諸子欲效爲而不能

正郎公釋褐除漢城主簿將入京供職辭退日先生誡曰汝掌刑獄以敬謹爲事凡民吏有罪猶可以避延必經宿乃決不然乘怒治人刑或過濫經宿之後心氣和平耳益審愼

正郎公嘗謁告歸覲適有饋魚五尾者頗新鮮時夫人欲留作先生饌留日熱易敗囑正郎公送人倅府求米先生追聞誚讓正郎公曰汝久遊京輦欲觀效貴富家侈風耶吾輩貧殘魚不至餒則斯食之何求新鮮

平居饌品惟饘粥或有魚肉則去醢大率不得過二器正郎公旣赴湖南任官供頗豐心甚不安書戒曰旣称邑長朝夕饌需增加一二器不至大戾否先生

答書曰作一縣宰處珠於前耶由儉人奮身排撥於
常公後歸曰雖無關美而比前不嘗太侈
正郎公赴萬頃時奉睟大夫人以行孺夫人本鄉在
淳昌而淳距頃不遠先生以其歸覲許其行獨自在
家朝夕饋食付婢使安穩過活正郎公以邑物奉饋
先生卻不受曰凡斂於民者八九是非理以此奉親
可乎吾在吾廬耕穫所收足以自奉無須此爲
孫九煥酷嗜讀書每對卷咿唔不休先生呵曰讀書
貴自得何不精究與妙徒事囉嘍爲日耳之學終無
進益
余將二兄俱平少有病瘵老婢使不如意則輒呵叱
繼以捶撻先生誡曰彼小賤人何能盡善[illegible]偏責也

吾意莫以不如意而隨事必治則人心不堪洞體程

夫子之訓勸心於性則自無此失昌此總々則使人

無也通々則使物各因其長而施之

余少時見有靑新精妙之者必買取摩挲賞玩倍惜

皆俾以觀歎其精巧先生偶見之問何從得此對曰買

之矣先生不怡者良久曰蓄私貨買玩好者豈子弟

之道耶余惶汗浹背不敢復把

先生每誡諸子曰閨門之治雖至恩亦不可以不嚴

正男女之位嚴內外之節然後家道成故家人嗃々

雖厲亦吉婦子嘻々終吝

又曰婦人之職不越乎中饋故曰無攸遂婦人[illegible]有

遂不幾於牝晨之索耶

嘗家世族日漸窮匱往往為鄙汚之行先生心常慨

然謂人無祿則貧貧則飢飢則終至於放僻奢侈故

救飢之道莫如忍飢飢而不發於仄則尚可矣吉今與

足身既為士難以親鄙事殖貨營生又非君子之當

為吾輩目前之務惟節食耐飢之外無他道

余為童子時見有客入門而右循序來西進至堂前

又折而西北嚮拜謁客去余從婢疑怪其故先生曰

客好禮者年少不敢當賓禮故循序來而進少須之

曰禮不在是

有客持烟竹太長先生問何為是兄長客曰短恐褻

衣先生曰褻衣尚可恐褻君之行客甚悚

巷內出入者於巷口彼等卑如蠍往樹縱以來其

頭近俗嫌其重削竹爲圈中爲井字井內作以稍戴
之純先生嘗見族子持毳着戴此誠之曰毳笠淵腦自
處不欲見人今面暇着猶自留觀已非居喪之儀
耳彼蒿比首經尚輕何故舍此取彼喪笠亦可以功
衰耶

嘗有賓新冠者族人始欲買取以鐙非銀備却之先
生訓之曰向者惟宗室武將所用銀鐙爲上恥下不近身
余嘗見人有事深際將出借武將將上馬見銀鐙燦
然却之趑趄行不可以得止故避關騎往此其返猶
着瓶曰今日路上恐遇相識出所着頭而往歸亦如
是今欲買鞍嫌其非銀鐙却之風俗之變一至於此
耶

嘗有乞客攝弊衣冠立庭畔呌化婢以一楪米授之客曰須一經堂上監視先生知其意嫌少謝曰貧甚不能優濟客無辭受而去先生心異之觀其容狀肩背竦直步履徐重儼然有有道氣像必使學子復邀請陞堂先生問其居住曰本以某郡人窮老無依行乞資生問何業曰乞者有何業先生命酒相勸禮以送之客去未遠先生呼諸子指示曰客隱君子也觀其九容無一不合於典則非飭行君子而能如此乎若曹須以客為師默察而效法之可也

森煥自幼受知最深屬意鄭重每曰是子有心他日必能有成余與元陽實為從祖昆弟先生命結為親兄弟又出孫婦相琴為親嫂叔且余踈放年踰三十

未有居第先生隔一岡有別墅形局雖小園圃井井種果成行特擧以授之曰亦足以葬室居止且喜汝兄弟兩箇越岡相從講學爲便近回戒之曰學然後有見識有見識然後明於人倫明於人倫然後能盡人之道今之人埋頭沒脚於功令文字至於斯學都廢不講如此者雖能文章工詞藻與能言之鸚鵡何殊

又曰古今文籍汗牛充棟而人之聰明有限何能一一記誦務在識其要歸而已凡古書中身心性命微妙精密之理飭躬理家孝悌忠信之行過宗族處鄉黨應事物善交際誠愼篤敬之工居官任職事君從民一切經世之道這便是要歸觀書遇此等文字須

涵心黙識銘在心肝以爲終身佩用此是讀書之要方若務記覽尋誦說兼以誇博鬪富又或尋章摘句以資應俗文字者此不過書癡而已

先生既踰耆耋每與客講說經史精神減損注〻忽不起必呼如達問其說云何如達元陽小字也元陽應聲對無滯一有遺忘不能詳對先生輒曰不材不材方余年少每讀書有功於用者靡不識有久〻不忘若父亦然至汝身便庸鈍如此據此訓辭先生之少日聰博可想

森煥嘗進謁先生問方讀何書對曰讀尚書被私冗牽掣不能專一先生曰待身閑無事時讀書則終身無讀書之暇生事〻生省事〻省小子念之哉

先生曰李東臯相國與退溪南冥兩先生道義相交
期許甚重東臯嘗曰健仲量狹蓋惜之也南冥以尚
瑞直長赴召至京從宦非心將棄歸欲一見東臯爲
別往至門值東臯入內佇立良久東臯曳大套鞋徐
步出來相見南冥語以將歸東臯曰尚瑞直長好矣
然則欲爲持平正言乎何東臯之待南冥太輕也或
曰東臯欲試南冥之量東臯必無挾貴驕人之意則
是必有爲而爲然身爲上相雖吐哺握髮爲勤猶懼
賢者之不屈況戲侮至此耶退溪之還山東臯又有
山猫之譏名德大臣一言一動爲具瞻矜式而唯以
善謔爲事則此終是東臯之失二先生不以芥意退
溪之陛辭　宣廟訪人才對曰無踰首相先輩相

知之深此可見矣

先生曰退溪從容禮法不踰尺寸南冥介特獨立有壁立千仞之像退溪每以此短之南冥之毁撤淫婦家退溪曰將謂是亭亭物表皎皎霞外一淫婦失行何足亂我心境而蹂擾至此又嘗論其學曰終是老莊爲祟蓋責備賢者之意也南冥少不爲嫌終無一言半辭侵逼退溪此是南冥高處及聞退溪之逝泣曰生同庚居同道七十年終無一面此非朋友悼亡之語蓋傷吾道之日孤也

先生曰南冥之門末流不能無弊鄭寒岡愛梅種梅百株名曰百梅園崔守愚曰梅有何德癖好如是瞰寒岡之亡也帶人往盡斫百梅寒岡之癖於梅未必

是大過而斫之盡無乃過耶其受禍之源未必不在此等處

先生曰我三兄玉洞公嘗曰退溪豈朱子以後可復得之大賢耶此是玉洞眞知退溪之語

先生曰玉洞公待人渾然一團和氣故踵門之士莫不心醉風流貴介如南原公子尊慕愈篤殆如七十子之心服公嘗住明禮坊第公子造謁必於外門外下馬而入後公移家入抱之玉琴山洞宅已易主公子過其門輒下曰是大賢之舊居敢不敬乎嘗往謁于玉琴洞遙望里閭即下馬而徒敬禮罔懈彼戰國四君不過蓄貨養士設爲名高而已何嘗尊賢慕德若此之誠篤哉嗚乎亦賢矣

又曰玉洞公嘗得金剛山萬瀑洞石上梧桐霹靂震死者為琴音韻清亮每松間月下撫絃動操聲達四隣公歿後公子來請借琴家人出付公子馬上橫抱而歸曰此天下絶寶寧可付之賤隸之手求公手書玉洞二字刻之琴腹又取公琴銘托公門人尹都事德凞書于其下而刻之皆金塡其字時嘗振宮拂羽以自愉快及病將死歎曰玉洞調絶矣遂送還本家似此信義求之古人亦難多得

余嘗侍坐有傑鉅丈夫入門而聲曰我南原君也遂前進拜謁容止軒昂言議慷慨語次曰吾嘗使燕識得兩箇字先生問何字曰過大遼野而後識野字見醫巫閭山而後識山字我東何嘗有高山鉅野又曰

見燕京城堞雄壯城上可五馬作隊而行雖不留一卒防守任從我國人匍匐踰越終未可攀躋一二級已而辭去先生目送之曰海東偏邦亦有此箇俊人耶

先生曰君子文質彬彬然後可以成章若質有餘而文不足終歸於野玉洞公訓誨門人專致力於經訓諸子百家語皆未嘗留意故其於天理民彝非不熟講而終少成章之人如尹聖仲(玉洞門人尹鳴山揆一字)之篤行君子亦不能大成

從叔正郎公嘗赴謁聖試以天雨中止先生聞之甚喜曰昔南坡洪先生將赴會試値雨不入試圍曰科擧詎大事不憯父母遺體任其沾濕受傷此固難及今見能如此吾無憂矣

又曰南坡公言中倫行中清一事不苟嘗與李致政
諸公肄習程文時增廣試已近有人從外至曰聞其
當主試先搆問策題密藏不示人余囑其家人得之
諸公皆喜而搆草南坡獨斂手端坐諸公問胡不製
答曰身為士子豈可預製試題及入試圍果出其題
諸公皆欣然書呈南坡又不肯製諸公問旣無宿搆
亦有何嫌答曰吾已先聞此題立心如此一言一行
豈容纖毫詐偽

先生曰仲氏剡溪公志尚高邁身在布衣一心憂
造次必形於色辭嘗與諸族子夜飲聯句賦詩余亦
在末席諸詩皆吟弄風月文酒歡讌之語公有句云
塡壑堪悲吾百姓下咽寧忘古三嘆座皆嘿然氣沮

彼凡夫俗子何嘗有此等句語耶

先生曰伯氏青雲公天才出倫自幼出語必驚人如有容時到長松下盡日溪流亂石間一聯殆犯神境膾炙一代但壽僅二十七歲未及成就其才故一篇之內不免有疵病惜也公記性絶人雖眷容大篇一覽輒記我先君子不能然或四五過始成誦然一誦之後一字未嘗錯終久不忘公則雖能記誦而語助之於等字每患錯亂再三重繹終不能精此其短壽之徵歟

先生曰杜詩老夫清晨梳白頭玄都道士來相訪歐陽永叔以爲無意味至曰使退之作必不如此後人以昔在四門館晨有僧來謁爲杜詩一篇語譏永叔

恐作介甫

妄言然此猶皮殼語未造真境老人髮禿搔痒殊甚
於少年時達宵不寐終不快意清晨起而理髮密梳
々之始屑乱落便覺頭輕眼豁十分清快曾謂永叔
未達此境耶又永叔謂吾之明妃引杜甫不能作李
白能作平山高李白不能作惟吾能作何永叔之文
章雖儒真宋君子而反效輕薄詩人妄自夸大之語也
以今觀之二篇未必是好詩盖永叔於詩道未深造
故信口說去不知其為妄僭也
先生曰介甫嘗有詩曰黃昏風雨打園林殘菊飄零
滿地金永叔以詩譏之云秋花不比春花落憑仗詩
人仔細看介甫聞而笑曰歐九不讀書之過也騷云
夕餐秋菊之落英此又永叔之失言凡古詩中失意

落托着通謂之飄泊飄零如杜詩飄零酒一杯之類可證黃菊之爲風雨飄搖委倒在地者獨未可謂飄零耶詩道尤未可以辭害意也

先生曰李白詩即無論托意深遠下語清新其聲調勁健遒壯儘有氣力如燕山雪花大如席片片吹落軒轅臺石渠橫靑天側延優半月等語讀之令人腦次爽然

先生曰先大夫使燕路傍石壁有詩云不知滄海何時變笑倚層雲問太淸下云淮南吳光義先大夫以爲匪風下泉之思駐馬咨嗟爲詩歎羡余嘗觀馮鏑經濟類編云門人淮南吳光義校竊謂馮鏑宿儒故其門人有似箇高士後偶閱他書則光義乃流賊之

雄為闖賊主贊畫者則詩意蓋欲皇明之速亡也余
又髮豎心憤悔前之誤認其意人之無良胡至此極
乃觀前人詩作者之主意未必能領解而邪正從以
貿亂可勝歎哉安知三百篇無此論詩豈不難哉
先生曰代降俗弊學問道廢間有修飾之士每患不
誠不誠無物能做得甚事為以忠信持心不期誠而
自誠夫子之道專主忠信庸學宗旨皆在於誠聖賢
豈欺我哉
先生曰王文中之學甚不純正每欲自擬於聖人則
此其僭妄之罪也然窮老讀書閱理甚衆故間多格
言其見識高於人一等嘗曰聞謗而怒者讒之囮也
見譽而喜者佞之媒也或問止謗曰無辯此皆切至

語眞處世之要訣也如房杜諸賢皆出其門輔佐唐
宗終致貞觀之治其功豈淺尠哉後之章句小儒槩
以爲邪學而一切擯斥之則過矣
先生歎曰人之所以異於禽獸者以有五倫也五倫
不明與禽獸奚擇觀今世君臣父子夫婦之倫未可
謂全廢至於長幼朋友二倫都不講修視猶弁髦故
稱小而慢侮耈長者比〃有之朋友而欺詐相賊者比
〃有之不但行之者無少顧憚見之者亦不以爲恠
末俗之弊一至於此我惟嶺南一域即先賢輩出之
鄕其流風餘敎尙有不泯者苟老人矣雖素不相識
必端肅拜見恭執弟子之職朋舊之間或有患難窮
苦無遠無邇竭心同力期於救拔而後已士風之美

視他州罕有其比此可謂五倫具備嗚乎微嶺南吾誰與歸

先生曰聖廡從祀何等重典而前朝多賢亦可曉如安文成台羽翼斯文嘉惠後學有泮宮刱設皆出其手有功於聖門如此其偉無容議焉其餘諸人未聞以道學名世至於崔致遠作書佞佛背棄聖學彼名位隆赫文詞嗥世而全尚異教如此一世之師彼理所宜然麗末釋徒之害至於禍人家國安知非此人倡倆且新羅將亡其舊臣世族宜如何痛恨盡傷而乃以黃崔青松等諸賓贊王氏之業人臣分義豈容若是學術邪妄倫綱斁絕在聖門固宜鳴鼓之不暇而反躋從祀之列泮微學宮何哉余謂史官秉筆

嘗用卿大夫之例倣順菴安公東史
鄕隣族人之喪有族子自謂解事初終諸節唯意專
決頗犯汰哉之誚先生聞之曰昔退陶先生赴人葬
端坐一席嘿無一語一少年子挺身出位堂贈諸禮
一一指導援聒不休長老戒之曰此座未必無知禮
者何獨乃爾曰適無習禮者恐誤大禮不得已也長
老曰座有李退溪其人慙赧氣沮而退蓋退溪之目
見其安靜含嘿不言者乃所以爲退溪東平尉鄭載
崙嘗弔親戚之喪値大斂入棺主家豊饒多用紬絮
補空故大斂博大兩邊皆出棺外指許衆近人持中
木（俗名中木用以入棺者）四面圍集約之令入而不得辟議皆
云敀棺外無他道將擧屍安故處尉始無一言立視

而已至是乃進前呼一匠指示一處曰約之又呼一匠指示一處曰捍之又指示一處曰斂之又指示一處曰按之周回數四果得入播既了事退廳故位盖紬緊細軟[illegible]移乎正故如此尉之始而不言者不欲自誇也及見窘迫進而指導免致主家狼狽君子哉若人持身愼重處事精當足後生之所當師範

先生曰國有藎臣則不但昌言宏猷動合機宜其平生行已無一不出於正誠忠動一世信義服衆心雖戎虜仇敵莫不嚮風尊敬故國家以賴試以國朝事言之方弘立之爲虜嚮導矣內警朝野震懼遣行人諭解弘立問張顯光鄭經世諸公在朝否曰爵位隆顯俱列淸要弘立曰數公賢人君子與出處大節

必無不正勝則吾事誠妄耳遂罷兵束身歸朝兵不交而禍即解壬辰之變嶺南一路先被其禍朝廷慈差金鶴峯爲慶尚右監司單騎馳赴路遇倭冦充斥不得前遂下馬踞胡床坐神色自若倭望見羅拜而去蓋鶴峯前使日本廉潔正嚴倭人大感服故至是一見其面致敬而去及昧東萊住濟上賊勢益張倭請一見漢陰李先生漢陰匹馬入倭營諭以誠信而歸夫二先生以孑然一身周旋於賊陣鋒戰之間而倭賊不惟不加害盡敬禮服如此非忠信之風著而能之乎吾祖敬獻公嘗按北關丕闡儒化文教彬蔚一路人士心心愛戴如父母北胡亦聞風敬信不敢生釁邊境晏然雪山輕重係於一人者不其

信手

有一覩識濟海等堰多占良田沃壤水門等浬非以
石爲之則貲難永遠無弊而費人不貲煩費屢歎先
生辨之曰姑先鑿木爲門以備目下之急等到秋穫
歲出三二包植利不出五六年石門可成其人出曰
先生遺學之感所不敢發藏而如家人營建之事亦
識慮施措亦非凡人所可發及等有人曰古之君子
才智亦出人遠故能辦大事成大業若如彼世儒
膠守禪教何以經濟一世

家世稱閥祀享之節始頗豐盛及副學公下世家業
稍落先生曰父爲大夫子爲士葬以大夫祭以士小
牢特豚各有等差不敢僭踰古之制也今吾輩編戶
無祿無無必至於貧匱祭祀一節若因循不改尊務豐
設及到窮乏之後雖欲菲飯以薦能無替乎不如及
今裁損定爲一家之禮令後可繼遂商酌古今斟量
貧儉定爲六籩六豆三鉶之制果四品并脯脩乾鱐
爲六籩菜四色并食醢魚醢爲六豆魚鷄肉羹各一
器以備三鉶之數又魚肉二盤即俗所稱肝南米食
羹食飯羹并酒合二十二品炙三串每獻各進一串
如是定制比前不啻減損姻親宗族皆以爲太薄或
有訕譏者曾未幾何故家世族產業蕩殘甚或闕祭

雖祭亦不成儀始服先生之明見
先生晩年又曰天子七廟其實四廟幷太祖廟文武
世室爲七諸侯五廟其實四廟幷太祖廟爲五大夫
三廟其實二廟幷始祖廟爲三其無始祖廟者亦許
祭曾祖以備三廟之數適士二廟官師一廟庶人無
廟祭禰於寢歷代同然未嘗改易至程夫子有高祖
有服不可不祭之訓朱子家禮因之然此皆有官者
之禮非匹庶所可通行程氏之廟因伊川而得立則
此爲明驗也今使無位之士得祭四代其有始祖不
遷之廟者與諸侯五廟少無差等不已僭于我國世
祿之家身雖無官當與氓庶有別若用古適士之制
祭及祖禰則揆之禮律人情實爲允愜因以祭祖禰

爲家間定制遺訓子孫令世世遵行及再從弟九煥
之喪三年旣畢先生祠版遽遺訓當祧埋時升堂高
足皆已下世惟順菴安丈在世故余具書禀祧埋當
否則安丈答書云旣已遵成命□行之僕不敢妄論
而先生此論僕得見於易簣之後心有所疑雖欲稟
問而不可得更欲質之先府君而因循未果至今爲
恨因攷王制祭法之文及我國制祭品論辨大意以
祭三代爲當故余復以古今禮及先生定制之義詳
悉仰報安丈深以爲然答書曰今見援證古禮考據
明白又推明我師門本意更無疑晦何等快幸云云
先生自幼屛却綺紈喜儉惡奢權大夫人製新衣强
令着之輒羞赧數日及長麤布之衣帶牛皮之帶

牛皮鼻鞋三十年一冠間戴重段平涼笠子纓用無
患子兩條交於頷下垂其餘持襯戚朋舊皆衣冠衛
雖見先生冠服無不嗟異亦不郞終老如一嘗曰今
人網無患子爲防笭纓然非也防笭纓本指蓮子蓮生
水中多在陂堤間故謂防笭今蓮纓廢不用無患子盛
行故人皆順口因前網俗諺之傳訛多此類皆寒暄
金先生常繫蓮子纓每中夜正坐嘿誦經訓蓮子觸
聲几案有聲故家人以此知先生誦經云然蓮子楕
長且重終不如無患子輕便故捨彼取此
先生於人曲意謙謹尤重敬老之禮雖儕友之間壽
者儕輩以上必加意敬畢婢僕之殺年老髮白者亦未
嘗斥呼其名必擇其子而呼曰某之父某之母

一學子方進謁道遇雨衣裾盡濕望見先生開門坐不
敢疾趨正容徐行先生呼曰雨沾衣何不疾行及入
門拜謁先生曰足容雖不可不重天雨滂沱豈可膠
守古訓不顧沾體耶末世學者多不肯脚踏實地專
務外飾求異於衆往往如此此非美事須切戒之
有一士人始勤舉業中忽志學矻矻讀經修飭儀貌
聞臨門請業先生察其誠力不足誡之曰君能自拔
於流俗有志斯學儘不易得但爲學有道能篤學向
上勉勉不已德成大業則豈非吾儒極工苟立志不
固或爲名利專志或因窮餓易節始勤終怠進銳退
速則於德爲譽爲士者將笑之君試自思量無不至中
毁否其人嘿然不能對而退歸數日謂家人曰久而

息之吾自輟係其終始如一復事經業如故

婢子嘗進盤羹反覆羹汁淋漓衣服盡汚濕
先生不詰責問無傷乎婢羞赧對曰無傷時族姪進
士公稍年高於先生偶在傍曰羹爛汝手乎盖以
劉寬之事比之也

先生少時飲酒或至二三杯酷嗜清明酒每稱其釅
厚絕佳到晩歲曰朝夕之飯不食則飢誠不可廢酒
則剩物也雖終不身飲亦不妨事都是客氣所使飲
或不節必至於亂察德失儀害不可勝言且無故損
穀又非可繼之道不若斷之於早遂終身不沾唇

先生平生不喫葱蒜等葷菜曰身不淨潔又妨座人

先生與我本生先人叔姪兩家同巷相望而居先生
理家一以節約為主朝夕飯之外絕無釀酒設饌之

事時嘗會諸族人設三豆會三豆者研大豆作粥一
器黄卷菹一器并豆豉醬一器歲為常蓋欲以儉
倡率之也我夲生先人酒户甚寬飲可十許杯不醉
然居家未嘗執杯惟以延賓勸酌為樂故座客常滿
多設旨酒羙肉勸之必酩酊而後已先生每悶歎曰
天之生財只有此數費一分則損一分何故不惜天
物歸於花費非但客之濡首喪儀大失禮敬無位匹
靡破費如此家道何由成哉
先生一以節食惜費為念或過非時餌餅可免於飢
不復進食每俗節薦獻各有時食正朝有餅羹上元
有棗栗飯重三有花糕流頭有角黍水團餅中秋有
薦新稻餅重陽有菊糕冬至有赤小豆粥先生於是

日令家內不設飯嘗曰食以充腸則斯已矣其餘皆濫也今人雖醉飽之餘必以朝夕飯爲大食不可廢强擧一二匙狼藉及於諸着此何義意華人不然多以饅頭餠餡之屬代飯每笑朝鮮人重大食令人大着赧

先生八十年窮老林下市朝紛譁漠然無涉至邦憂民瘼事有係國家大計者則必深憂遠慮若已當之寢食爲之靡安至或慷慨下泣盡其憂愛一念不以居窮而少懈也

先生身在韋布常以斯世爲己任遠引前代成敗得失之故近稽國家掌故思以矯捄弊政利安元元撰藿憂錄一篇備論經濟大業藏之家嘗曰縱不能行

乎今後世若有採而行之使一夫一婦得蒙其澤則
雖身歿之後豈非學幸
先生平居和順樂易下筆矜飭故日用言動若無異
常人細而察之頭身心正直動容必徐重口不出鄙
悖之言體不設惰慢之容非病未嘗不長跪而坐故
傍之書勝處尤[?]被背毋斷壞
先生嘗對客出長生木癭杯勸酒仍曰先大夫喜詩
酒歡讌故人有得美好盃者必來獻適又有外家寧
堤君所傳來者不少數[?]妙持稀品一日兄[?]會飲
識分執一二玉杯珀鍾琉璃青螺惟其意所好余無
其後惟[?]櫟野木杯木函盛之人有[?]之到今諸家所
當時一存者惟我木杯尚傳舊物是知人家所藏傳

遯者他少不如木瓢之眞率益彰儉吾蒼先生之天性然也 後元昉(謂余曰)家傳木杯今忽見失余偶啓視杯無去處惟是坐並此有何好被人偷竊咄咄不已 (會)木函護嚴所以誨益若任置几席間人亦不顧